DIETA DO METABOLISMO RÁPIDO

HAYLIE
POMROY

DIETA DO METABOLISMO RÁPIDO

Tradução
Elvira Serapicos

HarperCollins Brasil

Título original: *The Fast Metabolism Diet*

Rua Nova Jerusalém, 345 — Bonsucesso — 21042-235
Rio de Janeiro — RJ — Brasil
Tel.: (21) 3882-8200 — Fax: (21) 3882-8212/8313

Coordenação editorial
Obá Editorial

Supervisão editorial
Diego Rodrigues

Assistente de coordenação
Leonardo do Carmo

Consultoria
Tânia Rodrigues,
nutricionista especializada
em Nutrição Esportiva e
Diretora Técnica da RGNutri

Tradução
Elvira Serapicos

Preparação de texto
Lívia Almendary

Revisão
Laila Guilherme
Katharina Cotrim

Diagramação
Denise Ono
Ricardo Paschoalato
Thaís Gaal Rupeika

CIP-BRASIL. CATALOGAÇÃO NA PUBLICAÇÃO
SINDICATO NACIONAL DOS EDITORES DE LIVROS, RJ

P852d

Pomroy, Haylie, 1975-
Dieta do metabolismo rápido / Haylie Pomroy ; [coordenação Thalita Ramalho] ; tradução Elvira da Conceição S. Rodrigues Alves. - 1. ed. - Rio de Janeiro : HarperCollins Brasil, 2015.
288 p.

Tradução de: The fast metabolism diet
Inclui índice
Lista de alimentos
ISBN 978.85.69809-11-1

1. Nutrição. 2. Saúde - Aspectos nutricionais. 3. Hábitos alimentares. 4. Qualidade de vida. I. Título.

14-13679

CDD: 613.2
CDU: 613.2

Para meu filho Eiland, que me ensinou que o amor verdadeiro é possível,
e para minha filha Gracen, que me ensinou que qualquer coisa é possível.
Dedico este livro a vocês dois.

SUMÁRIO

PREFÁCIO

"Finalmente nos conhecemos!" Essas foram minhas primeiras palavras para Haylie Pomroy, nutricionista da clínica onde eu havia começado a trabalhar, em Burbank, Califórnia. Nossos horários não coincidiam, mas sempre ouvia meus pacientes e outros médicos da clínica comentarem a respeito daquela nutricionista brilhante. Quando enfim conheci Haylie, tive que concordar: ela parecia mesmo uma pessoa incrível. Fiquei impressionado não apenas com seu magnetismo e carinho profundo por seus pacientes, mas sobretudo pela atitude daqueles que se consultavam com ela: pareciam felizes e satisfeitos, além de saudáveis, mesmo depois de terem perdido peso de forma intensa com o programa de Haylie. Ela conseguia obter resultados.

Comecei a encaminhar meus pacientes a ela, principalmente os obesos e hipertensos, para quem a perda de peso era literalmente uma questão de vida ou morte. Voltavam para a consulta seguinte encantados com a dieta real, deliciosa e com alimentos realmente capazes de satisfazer que ela lhes propunha. Muitas vezes compartilhavam receitas e agradeciam profundamente pela indicação. Eu jamais tinha visto tamanha obediência a uma dieta.

No início, ao observar os resultados que Haylie conseguia com seus pacientes, perguntei-me se não seria mais um programa de perda de peso impossível de ser mantido, desses que geram frustração e sensação de fracasso em pacientes que muitas vezes já haviam perdido e recuperado peso com outras dietas.

Mas, quando Haylie me mostrou os detalhes do programa, percebi que não poderia estar mais enganado: a dieta proposta por ela é sensata do ponto de vista médico e fundamentada do ponto de vista científico. Não se tratava de uma proposta baseada em evidências curiosas ou teorias não testadas. Não há nada de misterioso. Haylie sabe muito bem como nosso metabolismo funciona e como as mudanças bioquímicas causadas pela dieta podem acelerar ou reduzir seu ritmo de funcionamento. O melhor de tudo é que o programa funciona de forma rápida e integral, com resultados duradouros. As pessoas não recuperam o peso perdido.

Uma das razões para a eficácia da dieta é o fato de ela ser agradável e fácil de seguir. O programa usa um engenhoso sistema de refeições e intervalos que obriga o metabolismo a se exercitar. Testemunhei a perda de peso, queda dos níveis de colesterol, estabilização do açúcar no sangue, melhora do sono e de quadros depressivos. E não apenas temporariamente — esses resultados resistiram ao teste do tempo. Haylie sempre diz: "Deixe a comida trabalhar por você". E ela sabe como fazer isso acontecer, mesmo com pacientes cujo excesso de peso se mostrou resistente a outros programas.

De acordo com o Centro de Controle e Prevenção de Doenças dos Estados Unidos, em 2010, 35,7% dos adultos eram obesos e 34,2% dos adultos estavam acima do peso, com a saúde e o bem-estar comprometidos. Os problemas de sobrepeso alcançaram proporções epidêmicas, e não há tempo a perder. Em minha clínica, vejo os trágicos efeitos colaterais de doenças crônicas como diabetes, depressão, doenças cardíacas e, como consequência, um estilo de vida menos agradável e ativo do que poderia ser. Vejo pacientes caírem na armadilha do círculo vicioso das dietas radicais, passando fome ou tornando-se vítimas da compulsão alimentar, incapazes de fugir da luta com a comida e com o excesso de peso. Também vejo o custo psicológico dos problemas de peso e das doenças crônicas relacionadas a ele, e é bastante significativo.

Haylie oferece uma luz no fim desse túnel proverbial de desespero alimentar. Eu gostaria que todo mundo tivesse a oportunidade de conhecê-la pessoalmente, por isso fiquei tão feliz com o fato de ela escrever um livro. Agora todos podem ter acesso ao seu incrível programa. Haylie usa bom humor, disciplina e firmeza em igual medida para conseguir mudanças que muitos de nós julgávamos impossíveis. Acreditem quando digo que é possível mudar seu peso, sua saúde e sua vida. Sou testemunha do que Haylie é capaz de fazer e mal posso esperar para presentear meus pacientes com um exemplar deste livro. O fato de este livro estar em suas mãos pode significar que você talvez nunca precise procurar ajuda médica para consertar os estragos causados por doenças crônicas induzidas por dietas. Não me importo de perder alguns pacientes se for porque as pessoas estão ficando mais saudáveis.

Por isso, parabéns! Com a ajuda de Haylie Pomroy, você e seu metabolismo estão prestes a se transformar.

Bruce M. Stark, MD

Especialista em clínica médica, medicina antienvelhecimento, farmacodependência e tratamento da dor

Parte I

Conheça o seu metabolismo

INTRODUÇÃO

Conheço os segredos do metabolismo.

Sei por que você não consegue, por que seu corpo não responde mais às dietas rígidas, aos exercícios entorpecedores, às dietas de pouco carboidrato ou de muita proteína. Sei por que você não está perdendo peso... e sei como resolver isso.

Sou uma mecânica do corpo, uma personal trainer do metabolismo. Sou uma inovadora, não uma replicadora. Cheguei a ser acusada de incluir magia negra na dieta que proponho porque ela parece funcionar com muita facilidade e os resultados desafiam experiências anteriores com outras dietas. Posso garantir que não existe magia negra.

Vou revolucionar a maneira como as pessoas usam e se sentem em relação à comida. Você pode perder 9 quilos em quatro semanas comendo comida de verdade, sem contar calorias, criando um mecanismo rápido e saudável. Não há mágica. Não existem contras. Os médicos me fazem perguntas e escutam. As pessoas procuram meus programas e produtos. E os pacientes saem da minha sala, como diz minha irmã, "prontos para tomar refresco em pó", dada a praticidade da dieta.

Só que esse refresco deixa as pessoas realmente magras, saudáveis... e livres do excesso de peso. Meus pacientes não se satisfazem com uma dieta que não funciona, difícil de seguir, que lhes suga a energia ou acaba com o prazer de comer. Entre meus pacientes, estão atletas da NFL (Liga Nacional de Futebol Americano) e suas esposas, além de estrelas da televisão e do cinema. O sultão de Dubai já pegou um avião só para se consultar comigo, por sugestão de seu médico.

Também aconselhei muita gente desconhecida, que precisa perder peso, e rapidamente, por ordens médicas. Passei muitos anos voltada ao atendimento individual em consultório. Presto consultoria a médicos e clínicas de emagrecimento e trabalho nos bastidores desenvolvendo programas de perda de peso para programas da televisão. Agências de publicidade e empresas de relações públicas me procuram para que eu avalie seus produtos, de bebidas para desportistas próprias para crianças a programas de almoço saudável. Já prestei consultoria à Safeway e à Warner Bros.; também participei das campanhas de ação social do documentário *Alimentos S.A.* [*Food, Inc.*].

Promovo a saúde e faço a perda de peso acontecer. É o que eu faço. É o que eu sou. E é por isso que posso ajudar você.

Conto tudo isso para que você entenda que a Dieta do Metabolismo Rápido não é uma teoria não comprovada ou um produto ilusório. Prescrevi esta dieta para centenas de pacientes e vi todos eles perderem peso, por isso sei que funciona. Tem que funcionar, ou eu já teria saído de cena. Em vez disso, todas as minhas clínicas têm listas de espera, e algumas pessoas enviam seus jatos particulares para que eu vá atendê-las em casa. A partir de agora eu serei *sua* nutricionista. Com este livro, meu programa está em suas mãos. Quero que todas as pessoas que desejam emagrecer e levar uma vida mais saudável consigam atingir seu objetivo — de maneira rápida, eficaz e permanente.

Anos de estudo e prática clínica me ensinaram a fazer com que seu metabolismo reaja, torne-se ativo e se mantenha ocupado queimando a gordura que o atormenta há anos. Neste livro, vou mostrar exatamente o que você deve fazer para que isso aconteça.

Este não é um livro para marinheiros de primeira viagem: é um livro para as pessoas que desejam fazer essa viagem pela última vez.

Este é um livro para aquelas pessoas que não têm mais cartas na manga. Para aquelas pessoas que adoram comer mas estão cansadas de lutar contra a compulsão por comida, o cansaço e a barriga saliente; e também para aquelas que estão cansadas de fazer dietas. Se está pensando em desistir de atingir o peso ideal, se acha que seu destino é estar sempre acima do peso que gostaria de ter, este livro foi feito para você. Sua luta acabou. Está na hora de amar a comida e saber como usá-la para perder peso, de forma real e duradoura.

As dietas constantes esgotam seu metabolismo, mas a Dieta do Metabolismo Rápido o reanima. Ela se baseia em uma premissa simples: confunda-o para dominá-lo. Da mesma maneira que o treinamento cruzado pode melhorar o desempenho de um atleta, o treinamento cruzado do metabolismo estimula queimas diferentes e restaura seu mecanismo de funcionamento para maximizar seus esforços.

Através do **rodízio sistemático de determinados alimentos em dias específicos, em horários estratégicos,** o corpo se transforma ao alternar descanso e recuperação ativa do metabolismo.

Seu corpo ficará alerta, nutrido e revitalizado até se transformar em uma fogueira de queimar gordura; seu peso finalmente começará a diminuir como você sempre sonhou. A Dieta do Metabolismo Rápido foi criada para deixá-lo mais saudável, mais leve.

Você vai se alimentar de três maneiras diferentes em cada semana — de acordo com a fase 1, a fase 2 e a fase 3. Esse rodízio das fases continuará por quatro semanas, para cobrir todos os cenários bioquímicos possíveis no ciclo mensal do seu corpo (isso vale para homens e mulheres). Você vai tirar da comida e do corpo muito mais do que imaginava ser possível. Começará a queimar gordura com a comida e a perder peso como nunca. Você quer resultados rápidos e duradouros? Esta é sua dieta.

Com este livro você entenderá como o corpo funciona e por que reage de determinada maneira às suas ações. Você jamais passará fome. Mas vai emagrecer. Não é uma promessa vazia. Já vi acontecer com homens e mulheres, com jovens de 20 anos e com pessoas de 70. Criei tabelas de refeições claras e precisas que podem ser adaptadas a pessoas com restrições alimentares, vegetarianas, veganas ou apaixonadas por carne. O plano é fácil de seguir e difícil de resistir.

Muitos dos meus pacientes dizem, em tom de brincadeira, que sou arrogante e excessivamente confiante quando eles contam histórias de dieta horrorosas e eu lhes digo que podem curar seu metabolismo. Depois que começam a seguir meu programa, dizem que essa dieta é como acender um fósforo dentro deles. Gosto de dizer aos meus pacientes, quando saem do meu consultório, que se seguirem a dieta precisarão encontrar um bom alfaiate ou costureira para apertar suas roupas. Porque o metabolismo deles vai pegar fogo e o excesso de peso é o combustível.

Prepare-se para mudar sua vida, pois comida é vida.

É a única coisa que temos para constituir nosso corpo, para ter um coração saudável, ossos e músculos fortes, além de pele, cabelo e unhas saudáveis. É o que usamos para alimentar a fabricação de hormônios que regulam tudo o que há em nosso corpo. Não é apenas energia. É vida. Está na hora de parar de ter medo de comer e aprender a comer direito. E isso começa com a queima.

Queime! O importante é queimar

Emagrecer parece uma coisa misteriosa para algumas pessoas, e impossível para outras, mas a verdade é que não é tão complicado. Não tem nada a ver com calorias, gordura ou carboidratos. As pessoas gostam de dizer que emagrecer é apenas uma questão de ingerir menos calorias do que as que se é capaz de queimar. Calorias entram e saem. Jamais acreditei nisso e sou testemunha do quanto isso é incorreto para algumas pessoas. Não se trata de comer menos calorias. A questão é queimá-las.

A questão é o seu metabolismo. Faça-o queimar o que você come, mesmo que coma muito. Sabe aquelas pessoas magras que estão sempre comendo? Elas têm um metabolismo acelerado. Existem pessoas que quase não comem, mas estão sempre acima do peso. São pessoas com metabolismo lento, que não estão queimando a comida como deveriam. Quando você joga lixo em uma pilha de madeira úmida, a coisa toda vira uma bagunça úmida. Você não consegue fazer a fogueira pegar fogo. Continuará com uma pilha de madeira úmida com lixo úmido. Ou gordura. É isso que acontece quando você come porcaria, açúcar processado e todas aquelas coisas que sabe que talvez não devesse comer tendo um corpo com metabolismo lento. Você acumula gordura e mais gordura, e nada parece queimar.

Mas você não quer excesso de gordura. Quer musculatura magra, energia, hormônios saudáveis, colesterol equilibrado, níveis de açúcar excelentes; cabelo, pele e unhas estonteantes. Você quer irradiar saúde e apreciar o processo para chegar lá. Quer parecer e se sentir incrível, mas cansou de se privar de tudo.

Sem problemas! É só dar um jeito na pilha de madeira. Seque-a e acrescente os gravetos corretos, jogue um pouco de fluido e acenda um fósforo. Faça pegar fogo de novo, faça uma fogueira enorme e conseguirá comer como uma pessoa "normal". Poderá comer da mesma maneira que as outras pessoas, de uma maneira que jamais imaginou que pudesse voltar a comer novamente.

O problema para muitos dos meus pacientes, e talvez para você também, é que quando as pessoas estão acima do peso e passaram a vida inteira fazendo regime para controlar o peso (algo bastante improvável no longo prazo), aquilo que elas acham que ajudaria pode lhes fazer mal. Os regimes constantes prejudicam o metabolismo, destroem o fogo interior, tornando-o lento, ano após ano, até transformá-lo em uma pilha de lenha úmida. Quanto menos você come, mais o seu metabolismo esfria e menos você poderá comer no dia seguinte.

Esse é o motivo pelo qual algumas pessoas não conseguem perder peso, mesmo quando não comem muito. A chama do metabolismo apagou, e elas não conseguem reacendê-la, a lenha está úmida, o lixo se acumulou e o processo como um todo tornou-se disfuncional.

Elas precisam de um empurrãozinho. Precisam pegar fogo de novo. Precisam do que você tem nas mãos: a Dieta do Metabolismo Rápido.

Como surgiu a Dieta do Metabolismo Rápido

Tudo começou com algumas ovelhas. Não estou brincando! Sou formada em agronomia e me envolvi com a Future Farmers of America (FFA). Meu trabalho de conclusão do curso não tem nada a ver com ciência da alimentação, mas com animais. Foi assim que comecei a entender que a comida pode ser usada sistematicamente e objetivamente para moldar o corpo da mesma forma que um escultor molda um pedaço de argila.

Sempre fui fascinada pela maneira como as coisas funcionam, principalmente pela forma como o corpo funciona. Mas também era obcecada por animais e imaginei que talvez pudesse lidar com os complicados enigmas da ciência veterinária; por isso, quando jovem, decidi que seria veterinária.

Seja um cavalo de corrida

Adoro cavalos. Gosto de andar a cavalo, estudá-los e admirá-los. Também acho que eles podem nos ensinar coisas importantes a respeito do metabolismo. Alguns cavalos são o que chamamos "fáceis de cuidar". Eles se comportam bem e até engordam, com uma pequena quantidade de comida. Outros são chamados "insaciáveis": você pode dar a eles muita comida, e ainda assim eles têm dificuldade de ganhar peso.

Qual é a diferença? O metabolismo do cavalo. Na ciência animal, existe um conceito chamado relação ração/ganho. Como é que você alimenta um novilho para que a gordura fique bem distribuída, a carne fique marmorizada e atinja a maior qualidade e o melhor preço? Como é que você alimenta um cavalo para otimizar a contração das fibras musculares, para que larguem mais rápido ou ganhem resistência para aguentar toda a corrida? A aplicação desses princípios aos animais, tanto na pecuária quanto na criação de cavalos, é um negócio que envolve bilhões de dólares. Então por que ninguém pensou em usar o que aprendemos com esses animais e aplicar à perda e ao ganho de peso nos seres humanos? Seria algo revolucionário. E é exatamente isso que estou fazendo por você.

Que tipo de cavalo você gostaria de ser? O gordinho fácil de cuidar ou aquele magro que não engorda nunca, por mais que coma? Você está pensando em disputar um turfe ou pretende ficar no pasto?

Na faculdade, meus estudos se voltaram para a ciência dos animais. Na verdade, Temple Grandin (famosa autora, professora de ciência animal e respeitada consultora da indústria de criação de animais) foi uma das minhas orientadoras e mentora pessoal. Fiz cursos sobre produção de ovelhas, produção de gado, alimentação e nutrição de animais. Trabalhei como técnica cirúrgica veterinária e, depois da faculdade, para a especialização em veterinária, fiz um estágio de nutrição no estado do Colorado. Tudo isso contribuiu para que eu adquirisse uma perspectiva diferenciada em nutrição. Quanto mais eu aprendia sobre nutrição animal, mais eu pensava em como os mesmos conceitos podiam ser aplicados às pessoas — que a dieta poderia ser cuidadosamente administrada para acelerar o metabolismo e aumentar o nível de queima também nos seres humanos.

Decidi focar no bem-estar em vez de me ater à doença. E se pudesse ajudar a manter as pessoas saudáveis usando meu conhecimento de ciência animal? E se pudesse fazer isso incluindo meu passatempo preferido, a alimentação? Tudo isso me levou a mudar o rumo da minha carreira profissional.

Em 1995, a consultoria de bem-estar estava se tornando popular. Para ser um consultor de bem-estar, era preciso fazer uma série de cursos, como anatomia e fisiologia, nutrição, exercícios e gestão de estresse, além de ter certificação em primeiros socorros e reanimação cardiopulmonar (RCP). Isso me pareceu perfeito, então mergulhei nos estudos. Queria ter condições de avaliar a saúde de uma pessoa e ser capaz de fazer recomendações realmente úteis e significativas a respeito de nutrição, exercícios e controle do estresse.

Tornei-me consultora de bem-estar certificada, especializada em nutrição, exercícios, controle de estresse e saúde holística. Mas não podia interromper meu aprendizado. Decidi fazer mais uma dúzia de cursos. Adorei. Tinha encontrado minha vocação. Montei meu consultório como nutricionista e consultora de bem-estar e, de repente, estava com várias clínicas: a primeira delas foi uma clínica de saúde integrada em Fort Collins, Colorado; depois, uma clínica de inspiração zen em Beverly Hills; em seguida, uma animada clínica em Burbank, perto da Warner Bros., dos estúdios da Disney e do Centro Equestre de Los Angeles; a mais recente fica em Irvine, Califórnia, e é voltada especificamente para o uso de meus produtos formulados especialmente para ajudar as pessoas a emagrecerem rapidamente e manterem o peso. (Esses produtos *não são necessários* para a Dieta do Metabolismo Rápido, mas são muito convenientes se você precisar deles.)

Nunca anunciei meus serviços, mas graças ao boca a boca o negócio se expandiu rápido, praticamente desde o início. Por quê? Pela maneira única como uso a comida para moldar o corpo. Quando você obtém resultados, a notícia se espalha rapidamente.

Muitos dos meus pacientes me procuram por indicação de uma rede de médicos que me conhecem e confiam no que faço. Muitos desses pacientes têm problemas crônicos de saúde, como diabetes, doença celíaca, distúrbios da tireoide, artrite, problemas cardíacos ou hormonais. Muitos enfrentam a questão da infertilidade. Todos precisam ficar mais saudáveis para se curar. Pacientes saudáveis com o peso adequado se curam mais depressa. Meus pacientes não podem dizer simplesmente que estão se sentindo bem; os exames de laboratório precisam mudar para melhor: o colesterol tem que melhorar, assim como os níveis de açúcar no sangue e a pressão arterial, além do peso na balança.

E eles realmente mudam para melhor. E os pacientes continuam chegando. À medida que minha carreira foi progredindo, os negócios se tornaram um sucesso, mas, quanto mais as notícias se espalhavam, mais pacientes queriam uma consulta comigo. Meu atendimento em consultório sempre foi muito pessoal. Os pacientes têm uma consulta semanal, ou quinzenal, e, à medida que evoluem, continuo planejando cada programa de acordo com suas necessidades. Mas, com o crescente número de pacientes, esse tipo de atendimento foi ficando mais difícil.

Comecei a atender pacientes que vinham de longe, muito longe; ou que mandavam me buscar de avião. Ia com eles às consultas médicas, cheguei até a cozinhar com eles em suas casas (na verdade, ainda faço isso com alguns pacientes). Adoro esse contato pessoal, mas sou apenas uma. Não podia estar ao mesmo tempo em toda parte, e as pessoas que desejavam desesperadamente consultar-se comigo nem sempre podiam vir até mim. Percebi que precisava encontrar uma forma de ajudar essas pessoas, mesmo sem estar fisicamente presente. Precisava elaborar um sistema que proporcionasse um emagrecimento rápido, eficiente, significativo e permanente que eu pudesse entregar ao mundo. Por isso peguei os conceitos e as técnicas que usava com meus pacientes e desenvolvi este livro, de forma que qualquer pessoa, em qualquer lugar, possa seguir a dieta. E funciona. Rapidamente.

Mas há um segredo nesse negócio de "emagrecimento de cair o queixo". Você precisa fazer o que eu digo. Você me pertence pelas próximas quatro semanas — e deve aceitar isso. Se realmente deseja emagrecer, você precisa me obedecer. Precisa se comprometer.

A comida pode fazer muita coisa por você, mas precisa ocupar um lugar diferente em sua vida nas próximas quatro semanas. Ela será um instrumento e não uma fonte de diversão. Certamente não será sua inimiga: será sua serva, e você será o mestre. Você fará com que ela trabalhe para você, e faça-a trabalhar muito. Em 28 dias você sentirá uma profunda diferença.

Já me disseram que sou uma pessoa intensa. Até mesmo mandona. Mas não sou firme com as pessoas para me divertir. Não sou uma dessas pessoas que encorajam as outras a mudar de vida com princípios vagos. Vou lhe mostrar *exatamente o que fazer.* Este é um livro de ação, não de teoria. Felizmente, não é difícil. O plano deixa as pessoas alimentadas, tanto física quanto emocionalmente. Fornece energia, desperta admiração e elogios e, o mais importante, traz benefícios para a saúde.

Posso ser dura no que diz respeito ao plano, mas é de uma forma amorosa. Eu me preocupo com você. Eu me preocupo com sua vida e com sua saúde. Estou aqui para ajudar. O comprometimento com a Dieta do Metabolismo Rápido não exige a contagem de calorias, gordura ou qualquer outra coisa. Você quer perder peso e não fazer contas, certo? Tudo o que precisa fazer é comer — comida saudável, deliciosa, verdadeira — na ordem específica e da maneira que eu lhe disser para comer. Dê-me quatro semanas e farei seu metabolismo pegar fogo.

Já passei por isso e sei como é

Caso você esteja pensando se deve correr o risco e depositar toda a sua confiança no meu programa, permita-me dizer uma coisa: eu entendo você. Sei o que é estar acima do peso e cansada, frustrada, disposta a desistir. Já passei por isso. Também sei como é lutar com as emoções e tentar acalmá-las com comida. Sei o que é enfrentar um divórcio, sei o que é ser mãe solteira. Sei o que é tentar emagrecer sofrendo um estresse tremendo, ficar doente, confusa, sentir-se perdida.

Mas também sei como é melhorar, emagrecer, curar-se, recuperar a esperança e encontrar o próprio caminho. Passei por tudo isso e fiz a lição de casa. Sou obcecada por informação e, quando meus pacientes querem saber por quê, eu também quero. Passei anos lendo livros de endocrinologia, participando de seminários médicos, aprendendo sobre hormônios, imunologia, alergias alimentares e medicina fitoterápica. Se um paciente quiser saber que água ele deve beber, sou capaz de participar de uma seminário sobre água para poder dar a ele, ou ela, a resposta certa. Criei uma rede de especialistas que apoiam e complementam meu atendimento, profissionais do Brigham and Women's Hospital, da Cleveland Clinic, da Holtdorf

Clinic, do Children's Hospital, da Clínica Mayo e até de clínicas na Alemanha e no México. Mas não vou falar apenas do que eu faço, vou falar *do que diz a ciência*, tudo para poder ajudar você.

Uma amiga muito próxima me perguntou certa vez por que me desdobro tanto para fora da minha área. Eu brinquei dizendo que finalmente havia encontrado uma vocação que me permitia saciar minha neurótica obsessão em entender o "porquê". Na verdade, faço isso por você. Eu me preocupo com os seus resultados. Essa é a verdade, e me preocupo muito, apaixonadamente, com todos os meus pacientes; quero ter certeza de que as coisas mudarão para eles. Quero que todos os meus pacientes, incluindo você, sejam felizes, saudáveis e inteiros.

Por isso escrevi este livro para você. Meus leitores também são meus pacientes, e o que desejo acima de qualquer coisa é ajudar você a mudar sua vida de forma verdadeira, significativa. Com este livro, quero que você se torne um estudante do seu próprio metabolismo, que entenda as implicações do que está fazendo com sua saúde à medida que devolve o equilíbrio à química do seu corpo e aumenta seu índice interno de queima. Cada alimento produz um efeito diferente para o corpo. Certos alimentos formam músculos, outros contribuem para armazenar gordura ou para elevar o nível de açúcar no sangue. Alguns fornecem energia rápida. A Dieta do Metabolismo Rápido manipula e melhora seu metabolismo com alimentos funcionais específicos combinados em fases diferentes para suscitar mudanças fisiológicas precisas em seu corpo.

Em cada fase da Dieta do Metabolismo Rápido, você perceberá que realmente *sente* essas mudanças em seu corpo. No final, entenderá de maneira muito concreta e tangível como seu corpo reage aos alimentos e como seu metabolismo pode ser dinâmico, em vez de estagnado.

Esta é uma dieta de prazer, em vez de negação. Colocarei você em uma nova direção para revitalizar seu metabolismo esgotado, apreciar novamente a comida, em vez de ter medo ou negá-la, ou ainda dividi-la em porções minúsculas. Com a Dieta do Metabolismo Rápido, os efeitos colaterais desagradáveis das dietas simplesmente não existem. Nada de passar fome! Você vai sacudir seu metabolismo da maneira certa para aumentar a proporção de musculatura magra e ao mesmo tempo melhorar a saúde, ter mais energia e estabelecer uma relação de amor com a comida.

Assim é a Dieta do Metabolismo Rápido.

Portanto, fique comigo e aproveite, aprecie a comida e seu novo corpo. Isso será extremamente excitante, para mim também. Basta seguir as regras e sentir as chamas do metabolismo aumentando. Você não será o primeiro. Celebridades confiam nesta dieta. Atletas confiam nesta dieta. Estrelas do rock. Pessoas com doenças crônicas. E, o mais importante, médicos confiam nesta dieta. Você também pode confiar.

Seja bem-vindo ao meu consultório. Sente-se. Agora sou sua nutricionista, e em quatro semanas você ficará mais leve.

CAPÍTULO 1

COMO CHEGAMOS AQUI?

Exigimos do nosso corpo muito mais do que em qualquer outro momento da história da civilização, e o alimentamos com comida de qualidade muito inferior, graças a todos os aditivos, conservantes e processos químicos. Ingerimos muito açúcar e adoçantes artificiais, laticínios cheios de hormônios e também trigo, milho e soja tão modificados geneticamente que sua mera digestão já é algo milagroso. Vivemos em um mundo com o solo esgotado, o ar poluído e a água contaminada por elementos químicos. Ingerimos comida e bebida de embalagens plásticas que contaminam ainda mais os alimentos. E vivemos sob um estresse terrível, quase permanente.

Diante de todos esses elementos, não é de admirar que não nos sintamos tão bem, que estejamos sempre cansados, doentes ou engordemos alguns quilos (ou vários quilos) com frequência. Diariamente, vejo pacientes que precisam mudar sua vida. Alguns estão doentes; outros ainda não, mas caminham nessa direção. Todos precisam emagrecer para que seu corpo funcione melhor. E precisam mudar já. É urgente. Meus pacientes sentem como se estivessem perdendo um tempo precioso — dias, horas e minutos preciosos quando eles... quando *você*... poderia estar se sentindo saudável, vibrante, cheio de energia, forte, vivo.

Você quer parar de se preocupar com comida e com gordura e com o que a balança lhe diz pela manhã. Talvez você tenha perdido muitos quilos no passado — 20, 30, 45 quilos ou mais —, mas eles estão voltando, e você está entrando em pânico. Talvez você esteja apenas tão cansado de fazer dieta que gostaria, e muito, de encontrar uma forma de voltar a *comer* novamente.

É uma pena que ninguém jamais tenha lhe explicado *corretamente* como o corpo funciona quando se trata de comida e como a culpa é da química do seu corpo, não sua. É uma pena que o estresse tenha jogado você em um círculo vicioso do qual você imagina que jamais poderá sair, ou que você esteja com raiva, ou deprimido, ou mesmo com medo em relação à sua saúde e à forma do corpo. Vou lhe mostrar outro caminho. Os alimentos que você ingere e o seu estilo de vida deveriam lhe dar energia e força, e não cansaço, obesidade, doença, desespero ou nojo de si mesmo. Mas inúmeros estudos têm mostrado que, se você diminuir o ritmo do seu metabolismo, ele não volta ao normal facilmente, mesmo que você volte a se alimentar normalmente. Quando você passa fome, seu corpo se adapta para sobreviver com um pequeno número de calorias, diminuindo o ritmo do metabolismo. Isso significa que ao parar de fazer dieta você provavelmente engordará, como uma espécie de vingança. Seu corpo só está tentando salvar você da fome futura.

Quando estamos sob forte estresse, o corpo secreta hormônios de crise, que induzem ao armazenamento de gordura e à queima de músculo. Quando estamos sobrecarregados de produtos químicos, pesticidas e poluentes, nosso corpo cria novas células de gordura para armazenar essas toxinas e evitar que fiquemos doentes ou sejamos envenenados. E quando consumimos alimentos desprovidos de nutrientes ou que contenham corantes, aromatizantes e adoçantes artificiais, o corpo faz o melhor que pode para sobreviver a essas substâncias estranhas, diminuindo o ritmo do metabolismo e minimizando o estrago sobre o sistema como um todo.

Vamos mudar tudo isso. Está na hora de deixar para trás a culpa, o arrependimento e o desprezo por si mesmo. Essa é a mudança de paradigma que seu corpo precisa, e que criará uma versão mais saudável, uma nova versão de você mesmo. Essa nova pessoa enxergará a comida como instrumento para curar o estrago e restaurar a saúde. Essa nova pessoa gostará de frutas e grãos, de proteína e gordura saudável. Essa nova pessoa saberá como o corpo reage a determinados alimentos e à alimentação estratégica e terá à disposição todos os recursos para eliminar o excesso de peso definitivamente.

Nós vamos encontrar essa nova pessoa, e vamos encontrá-la *agora*. O processo exigirá um pouco de trabalho e disciplina, mas nada que você não consiga. Não vou lhe pedir para passar fome, *nunca mais*. Foi assim que você se meteu nessa confusão, para início de conversa. Então vamos colocar um ponto final nessa história. Se a comida era sua inimiga, isso acabou. Agora estamos entrando no seu futuro, onde a comida é seu remédio. Mesmo que você esteja de 5 a 10 quilos acima do peso, você precisa deste remédio. Você precisa aprender a **relaxar** a tensão, **destravar** a gordura e **liberar** o metabolismo.

Você não tentaria consertar uma TV ou um carro sem entender como funcionam, e o mesmo vale para a incrível obra de arte biológica que é nosso corpo. Por isso, vamos começar falando sobre o que é metabolismo e qual a sua função. Em seguida, examinaremos alguns equívocos sobre alimentação e emagrecimento.

O que é metabolismo?

O metabolismo é um *processo*, não um elemento. Mais especificamente, o processo metabólico consiste em reações químicas que ocorrem nas células de todos os organismos vivos para manter a vida. É a mudança ou transformação da comida em calor e combustível ou substância (músculos, gordura, sangue, ossos). Seu metabolismo está sempre queimando, ou armazenando, ou construindo. Temos um metabolismo porque estamos vivos, e a vida requer energia. Todos precisamos de energia para sobreviver — para respirar, andar, pensar e reagir —, e a única maneira de adquirir essa energia é através do consumo e da metabolização, ou transformação, de comida. Profundo! Precisamos de combustível e também de substância. Um metabolismo saudável e funcional permite que tenhamos a quantidade perfeita de energia disponível, uma quantidade apropriada de energia de reserva armazenada, pronta para ser usada, e uma estrutura forte e estável (o corpo).

A fogueira interna

Antes de passarmos aos aspectos práticos da Dieta do Metabolismo Rápido, vamos examinar o que pode ter levado seu metabolismo a diminuir o ritmo e por que emagrecer não é algo fácil para você.

Lembre-se de que o metabolismo é o sistema que lida com a energia que você adquire através dos alimentos. O metabolismo transporta essa energia em diferentes direções, de acordo com o que você come e o que você faz. A beleza do metabolismo reside no fato de que ele pode ser manipulado; a maneira como você come, anda e vive afeta a quantidade de comida armazenada como gordura, a quantidade de comida usada como energia e a quantidade de comida destinada à construção da estrutura corporal.

Foi essa manipulação que aprendi quando estudei a ciência animal. A indústria da ciência animal usa esse conhecimento sobre energia, armazenamento e estrutura para a criação de animais com a estrutura ideal para servirem de alimento, que por sua vez se reverterá em bilhões de dólares de lucro.

O metabolismo também pode causar problemas, pois você pode inadvertidamente criar um corpo que *não deseja*. Dietas, alimentos sem nutrientes e a vida sob estresse permanente diminuem o ritmo do metabolismo quando ele deveria ser acelerado. Quando você engorda ou tem uma doença crônica, na verdade está expondo mecanismos de defesa que seu corpo cria em resposta a atitudes suas ou ao ambiente, como os sapos que desenvolvem três pernas em pântanos poluídos. Seu traseiro ou sua barriga podem estar crescendo devido ao ecossistema bioquímico, emocional ou ambiental em que você vive.

> **Fatos do metabolismo**
>
> Seu metabolismo reflete o que você faz, criando um corpo que possa sobreviver às condições a que é submetido.

Os segredos do T3 e do rT3

Um dos motivos para a dieta crônica diminuir o ritmo do metabolismo é o fato de seu corpo entender a dieta extrema como fome. A fome deixa as glândulas suprarrenais estressadas, o que desencadeia uma série de reações químicas no corpo. Essas reações, por sua vez, suprimem a produção normal dos hormônios da tireoide responsáveis pela queima de gordura (T3), ao mesmo tempo que estimulam a produção de outro hormônio tireoidiano responsável pelo armazenamento de gordura (rT3). Esse esquema é uma simplificação, mas o hormônio de armazenamento de gordura, o rT3, basicamente bloqueia os receptores hormonais em todo o seu corpo, principalmente na sua barriga, coxas e traseiro, como um goleiro defendendo seu gol. Os hormônios de queima de gordura (T3) não conseguem entrar e queimar essa gordura para transformá-la em energia.

O rT3 é um hormônio necessário. Sem ele, todos teríamos que comer a cada duas horas para não morrer. Esse hormônio é secretado para dizer ao seu corpo que não deve queimar depressa demais aquelas 500 calorias do café da manhã ou do jantar. Ele diz ao seu corpo: "Tome cuidado, pode ser que você não tenha mais nada", ou "Não queime todo o jantar, pois você talvez não consiga mais nada para sustentá-lo até as duas horas da tarde de amanhã". É como se alguém lhe dissesse que você tem 4 xícaras de arroz e 2 xícaras de feijão para viver durante o mês. Você certamente racionaria essa comida para poder sobreviver, não comeria tudo no primeiro dia. É isso que o rT3 "vê" quando ficamos muito estressados e não comemos o suficiente: 4 xícaras de arroz e 2 de feijão.

Quando nosso corpo produz muito rT3, ele começa a armazenar gordura em vez de queimá-la, mesmo se já houver muita gordura acumulada. Como eu disse acima, o rT3 age como um goleiro diante dos locais receptores de T3, bloqueando a bola (T3). O cérebro, contudo, detecta a presença de muitos hormônios tireoidianos, não importa de que tipo, e reduz sua produção. O resultado é a diminuição do ritmo do metabolismo, e então começamos a armazenar como gordura *tudo* o que consumimos, até mesmo os alimentos saudáveis.

A única maneira de reverter esse processo é reativar o metabolismo, e a melhor forma de começar é enterrar crenças antigas e equivocadas sobre alimentação.

Em primeiro lugar, vamos derrubar alguns mitos metabólicos que atrapalham seu caminho; depois, no próximo capítulo, vamos examinar os cinco elementos mais importantes na perda de peso, que ajustaremos antes de chegar à parte saborosa do material... a comida!

Mito metabólico nº 1: "Se eu conseguisse comer menos, finalmente emagreceria"

Um dos maiores equívocos que ouço de meus pacientes é a afirmação de que emagreceriam se conseguissem comer menos. Na verdade, é exatamente o oposto. Nem sei dizer quantos pacientes acima do peso me dizem não ingerir mais de 1.200 a 1.400 calorias por dia. Também costumam se exercitar de cinco a sete dias por semana. Ainda assim, não conseguem emagrecer e dizem coisas do tipo: "*Juro* que só como isso!" ou "*Juro* que não estou mentindo!", como se eu fosse mandá-los para a sala do diretor por falsificação alimentar.

Acredito neles. Por quê? Porque comer menos realmente piora a situação! Quando seu metabolismo é muito lento, você armazena *alface* como gordura e certamente não queimará nenhuma gordura. Outro dia estava explicando a uma paciente que, pela reação de seu sistema hormonal, até mesmo os carboidratos de sua boa alimentação com verduras orgânicas estavam sendo usados como veículo para armazenar gordura. Chocante e injusto, não é? Até os alimentos mais saudáveis podem fazer isso se o seu sistema metabólico precisa de conserto.

Essa paciente achava que estava fazendo a coisa certa comendo tanta alface, mas ela havia se tornado tão resistente aos carboidratos devido aos anos de regimes (e também ao uso de produtos diet, muito estresse, alimentação irregular e ao que eu considerava um programa de exercícios exagerado) que qualquer carboidrato encontrava um jeito de entrar em seu sistema, incluindo aqueles da alface, sendo convertido em açúcar e armazenado como gordura em vez de ser metabolizado.

Também tenho pacientes que pulam o café da manhã, não comem até as duas horas da tarde e depois consomem 4.500 calorias entre as duas e a hora de deitar. Seu corpo já está lutando contra a fome quando eles resolvem comer. Eles comem tanto porque seu corpo entra em pânico e não consegue se controlar. Nosso corpo fica irado se privado de alimento por tanto tempo; e esses pacientes têm sorte de precisarem de apenas 4.500 calorias para acalmar seu corpo novamente. Por que essa reação violenta, essa ânsia por comida? Quando você fica sem comer até de tarde, está pedindo para seu corpo acordar, sair da cama, tomar banho, vestir-se, pensar, dirigir, trabalhar e às vezes até fazer exercício — tudo isso sem nenhum combustível. Isso se chama crueldade.

Adivinhe o que mais acontece quando você não fornece ao seu corpo o combustível do alimento? Existe uma razão para você não cair morto quando não come. Seu corpo encontra comida em seu tecido muscular. Está provado que um corpo que passa fome procura combustível no músculo e não na gordura. Por isso, se você não alimentar seu corpo, ele "comerá" seus músculos para obter o combustível essencial para continuar vivendo. É desagradável e até desconcertante saber como a massa muscular é fundamental para a queima de gordura, assim como para mantê-la apta e capaz de se mover com facilidade e energia ao longo de cada dia.

Será que vale realmente a pena pular uma refeição? E você quer mesmo ter medo de comer até alface — ou pior, viver apenas disso — pelo resto da sua vida?

Fatos do metabolismo

Quando você passa fome, coisas terríveis acontecem com seus músculos. Sabe aquilo que você sente quando está com fome, mas nao come? Chega um momento em que a sensação de fome passa, certo? Isso realmente acontece, mas não é porque você não comeu. Você *comeu*. Seu corpo procurou combustível nos próprios tecidos.

Isso seria ótimo se ele simplesmente canibalizasse todo o excesso de gordura em todos os lugares indesejáveis. Mas, infelizmente, não é assim que funciona. Em vez disso, o corpo procura primeiro o músculo. Como a gordura é armazenada para emergências, seu corpo prefere fazer um lanche com sua massa muscular. Hum, sanduíche de bíceps!

Sim, o músculo é considerado mais dispensável. Seu corpo está fazendo apenas o que considera melhor para manter você vivo, ainda que os resultados possam ser devastadores para alguém que está tentando perder gordura e ganhar massa muscular. Não seria melhor fazer um lanche de verdade?

Mito metabólico nº 2: "Se eu gosto muito, não pode ser bom para mim... ou para minha cintura"

Historicamente, dieta é sinônimo de abstenção, de limitação das porções, de proibição de determinados tipos de alimentos e de redução ou mudança do número de refeições. A maioria dos meus pacientes obesos que são vítimas de dietas extremas nunca consegue apreciar a comida: eles comem coisas sem gosto e repetem muitas vezes as mesmas refeições insossas, que frequentemente são desprovidas (no caso dos chamados alimentos diet) dos nutrientes que estimulam os hormônios do bem-estar que nos mantêm satisfeitos e revigorados. Eles não só terminam com fome, mas também entediados e deprimidos. A dieta pode ser uma experiência solitária.

A vida simplesmente não é tão divertida sem uma comida deliciosa. Comer dessa maneira é uma coisa restritiva, chata e certamente não é eficiente, porque nosso sistema natural de detecção de alimentos fica confuso. Assim, outra coisa que a Dieta do Metabolismo Rápido fará por você é estimular o uso de todos os sentidos de maneira positiva — para ajudar a estimular outra vez o metabolismo — e a sociabilidade, que o ajudará a criar uma comunidade em torno da sua nova maneira de comer. O prazer é poderoso e estimula a secreção de endorfinas, reduz os hormônios do estresse, acelera o metabolismo e ajuda a queimar gordura!

Para mim, sobreviver comendo peito de frango cozido e legumes no vapor, e *ainda assim continuar engordando*, parece tortura. Se não houver outro jeito além de engordar, vou me afundar com um cheesecake em uma mão e sorvete na outra! E você ainda pode comer cheesecake e tomar sorvete — se isso atiçar seu metabolismo para que ele aqueça e queime gordura.

Quando não comemos o suficiente, o corpo faz do armazenamento de gordura uma prioridade e cria mais gordura a partir de qualquer coisa que comemos, secretando hormônios especiais, emergenciais e que bloqueiam a queima de gordura (aquele maldito rT3). Quando ingerimos alimentos ricos em nutrientes da maneira correta, o corpo relaxa, reconhece que a emergência passou e começa a queimar gordura para transformá-la em energia de novo — até a do cheesecake.

Prazer: acelerador natural do metabolismo

O estresse desacelera o metabolismo; o sistema percebe uma situação de emergência e começa a armazenar gordura. O estresse também eleva o cortisol e minimiza o efeito do hormônio tireoidiano no metabolismo. O prazer tem o efeito oposto. Quando você sente prazer com a comida que está ingerindo, ajuda a natureza a acelerar as coisas. E há um bônus: não precisará comer demais.

O prazer estimula o metabolismo e faz as glândulas suprarrenais produzirem endorfinas. Essas endorfinas — conhecidas como mensageiras do bem-estar — estimulam o cérebro a produzir a serotonina, hormônio que melhora o humor, que por sua vez estimula a tireoide a produzir o hormônio que queima gordura.

O prazer desencadeia uma fantástica cascata de eventos que reduzem os níveis de leptina, hormônio que desperta a fome. Após o ato sexual, os níveis de leptina ficam baixíssimos. O prazer com a comida pode ter o mesmo efeito. Quando apreciamos o que comemos, o benefício é duplo: ficamos cheios e satisfeitos.

Outra coisa poderosa acontece quando nos distanciamos da culpa e da repulsa por nós mesmos e apreciamos a comida que comemos: começamos a nos cuidar melhor. O prazer, a alegria e o entusiasmo com a comida se traduz em prazer, alegria e entusiasmo pelas escolhas que fazemos em relação à comida e à vida em geral.

Uma de minhas pacientes recentemente me enviou a seguinte mensagem: "Senti tanto prazer e entusiasmo esta noite! Tomara que isso faça minha tireoide queimar o tiramisu que comi com tanto gosto! Rsrsrs. De manhã te conto quanto estou pesando".

Por isso você tem duas alternativas. A primeira é continuar fazendo dieta *para o resto da vida*. Ingerir apenas 1.200 calorias por dia e cancelar os planos de um dia poder comer churrasco. Porque, se parar de fazer dieta, será um inferno: vai engordar de novo. Sem mais nem menos. Já vi isso acontecer muitas vezes. A maioria dos meus pacientes obesos emagreceu muito no passado, em geral várias vezes. A segunda alternativa é acertar seu metabolismo e levar a vida no ritmo do metabolismo rápido.

Em outras palavras, morrer de fome (fazer dieta) é ruim, *comer é bom*. Você se lembra de como é comer, certo? Comer comida saudável, sem culpa? Lembra? É a coisa mais importante que você deve lembrar. Agora diga comigo: *comer é bom*.

Comer. É. Bom.

Perfil das pessoas que vivem fazendo dieta

Emery é uma das minhas pacientes e está sempre de regime. Ela é professora e estava 13 quilos acima do peso ideal quando me procurou.

Ela já fez todos os tipos imagináveis de dieta, sabia exatamente o que fazer. Conhecia todas as dicas e truques. Mas, ao longo dos anos, todos os truques que ela usava para emagrecer pararam de funcionar. Fazia uma dieta com poucas calorias, mas exagerou de tal maneira que não tinha mais prazer algum em comer e, pior ainda, havia sufocado seu metabolismo de modo que já não conseguia emagrecer. Comia peito de frango cozido sem pele e brócolis. Comia 1.200 calorias por dia. Nunca fazia um lanche. E, ainda assim, continuava acima do peso.

Eu lhe disse que precisava fazer meu programa de quatro semanas, durante o qual comeria cinco vezes por dia, nos horários e na ordem especificados.

Quando Emery olhou para a tabela de refeições que preparei para ela, arregalou os olhos, encarou-me horrorizada e disse: "Se comer tudo isto, vou engordar 20 quilos em quatro semanas! Não consigo comer tanto". Respondi que, se engordasse 20 quilos, eu iria até a casa dela e cozinharia pessoalmente todos os dias. Ela concordou. E emagreceu 11 quilos, mas continua não acreditando no que aconteceu. Quando a vi pela última vez, ela disse: "É loucura. Não sei o que aconteceu comigo".

Eu sei o que aconteceu: ela deixou a comida fazer o serviço, em vez de agir contra ela.

Mito metabólico nº 3: "Emagrecer é apenas uma questão de colocar calorias para dentro e calorias para fora"

Se você vive fazendo dieta e morre de fome há anos, talvez fique chocada com a ideia de que comer é bom... mas tenho outra coisa incrível para lhe dizer.

Calorias são uma mentira.

Eis a resposta que sempre ouço: "Como você pode ser nutricionista e não acreditar em calorias?".

Na verdade, acho que estou há tanto tempo nessa área justamente porque *não acredito* nessa antiga equação. Quando meus pacientes me ouvem dizer que não acredito em calorias, a primeira reação é de descrédito, mas consigo convencê-los disso rapidamente. Quando percebem que não devem jogar a culpa de seus problemas nas calorias, que não precisam mais contá-las (já que não são reais), é como se tivessem se libertado de uma prisão. Quem não gostaria de viver em um mundo em que as calorias não existem? Você vive nesse mundo. Você pode achar que sou louca e até ficar bravo comigo por dizer isso (você não seria a primeira pessoa), mas isso é absolutamente verdadeiro. Para mim, é mais fácil acreditar que o Papai Noel e o coelhinho da Páscoa costumam caminhar juntos quando não estão ocupados em suas respectivas festas do que acreditar que um peito de frango, ou um brownie, ou um sanduíche de atum têm, por exemplo, 200 calorias. É o mesmo que dizer que um fisiculturista e minha avó de 92 anos gastarão a mesma energia levantando halteres de 20 quilos.

É claro que não. Isso é absurdo. Assim como a ideia de que uma xícara de pipoca tem 55 calorias ou dois pedaços de pizza de linguiça calabresa têm 420 calorias.

Acredito que um dos maiores equívocos é a falsa noção de que emagrecer é apenas uma questão de colocar calorias para dentro e para fora. Parece lógico, mas não é verdade. A teoria das calorias dentro/fora é uma grande e grosseira simplificação da forma como o corpo usa energia. Também é, na minha opinião, uma ferramenta maliciosa de marketing usada para defender alimentos ruins e nada saudáveis.

Uma caloria, para a indústria alimentícia, é na verdade uma quilocaloria (kcal), ou 1.000 calorias em química — que chamaremos de caloria por convenção. Uma caloria é apenas a quantidade de energia necessária para elevar a temperatura de 1 litro de água em 1°C, quando o alimento está fechado e é aquecido no interior de um recipiente rodeado de água.

Quando estava na faculdade e atendendo no consultório, nunca entrou na minha cabeça a ideia de contar calorias como se fossem bolinhas ou moléculas compondo a comida. E não são. Uma caloria não é um objeto. O que a comida fechada e aquecida em um recipiente rodeado de água tem a ver com você e seu corpo? Nada.

Uma caloria é apenas energia. No alimento que ainda não foi aquecido (ou consumido) é energia potencial. Fora do laboratório essa energia potencial, ou "caloria", tem muito pouco a ver com uma experiência para queimar comida. No mundo real, as "calorias" estão sujeitas a milhões de variáveis — uma vez que cada pessoa tem um corpo e uma composição bioquímica únicos —, e por isso uma caloria não é a mesma coisa para todas as pessoas. O que realmente importa, muito mais do que o número de "calorias" teóricas que você consome ou não, é como você queima a comida ou distribui a energia dentro de você.

No mundo real, no corpo humano real, a chamada caloria é apenas energia potencial, e uma pessoa poderia engordar com 1.400 calorias ou com 2.400 calorias por dia; assim como poderia ficar magra com 1.400 calorias ou com 2.400 calorias por dia. Tudo depende do que o corpo está fazendo com a energia potencial que absorve. Se queimar essas calorias como combustível, puf! Essas calorias são usadas e desaparecem. Se armazená-las como gordura, elas se depositam: no quadril, no traseiro, na barriga; ficam esperando para ser usadas. A ideia de que 200 calorias representam a mesma coisa para mim e para você é ridícula. Por isso, por que se dar ao trabalho de pensar nisso dessa forma? É uma ideia enganosa e deprimente, e isso me irrita profundamente.

O corpo humano é uma mistura complexa de milhões de processos químicos inter-relacionados, e cada um deles pode afetar o que acontece com a comida que você come, com a energia que você gasta e como essa energia se relaciona com as fibras musculares que você ganha ou perde e as células de gordura que você acumula ou esvazia.

Pense nisto: digamos que você precise tirar um carro do lugar. Um carro é algo muito pesado, por isso a tarefa não é fácil. Mas se eu lhe der a chave do carro ou mostrar onde você pode conseguir um guincho, será fácil mover o carro. Se você não tiver chave, nem guincho, e o breque de mão estiver puxado, você estará ferrado. O carro não sairá do lugar de jeito nenhum.

Queimar "calorias" é parecido. Digamos que você precise queimar aquelas 100 calorias teóricas. Se o seu metabolismo não estiver funcionando direito, é como se você não tivesse a chave ou o guincho. Será extremamente difícil queimar essas 100 calorias — assim como empurrar o carro morro acima com o breque de mão puxado. Boa sorte para você.

Mas se tiver a chave, que é um metabolismo rápido abastecido por alimentos ricos em nutrientes, você queimará as 100 calorias praticamente sem esforço. É só ligar a chave e sair dirigindo. Isso não quer dizer que alguém com alta atividade metabólica pode consumir regularmente 8.000 calorias por dia (a menos que seja um nadador olímpico), mas significa que, quando você tiver um dia com alto consumo de calorias, seu corpo estará pronto. É importante avivar o fogo metabólico constantemente, só para o caso de um sundae de chocolate cruzar seu caminho de repente.

Sua taxa de queima

O que realmente determina o que vai acontecer com seu corpo quando você come não são as calorias, mas sua taxa de queima, ou seu metabolismo. Como disse antes, seu metabolismo determina o que fazer com o alimento que você ingere — seja queimá-lo, usá-lo para construir a estrutura do corpo, armazená-lo no fígado como glicogênio para ter combustível rápido ou como gordura em bolsas espalhadas pelo corpo (você sabe do que estou falando — aquilo que se junta nas suas coxas, no seu quadril e/ou na sua barriga).

Sua taxa de queima é influenciada por inúmeras coisas, e elas não têm nada a ver com o número de calorias dos alimentos que você escolhe. Você quebrou uma perna e seu corpo precisa de energia para se recuperar? Você dormiu bem na noite passada? Você passou quatro dias sem um bom movimento dos intestinos? Você está desidratado? Você levantou da cadeira nas últimas sete horas? Todas essas condições influenciam a maneira como você usa calorias. Outros fatores relevantes são a quantidade de nutrientes, o tipo de alimento, quando e como você come, assim como seu nível de estresse, de atividade física e a composição atual do seu corpo, ou proporção músculos-gordura. Não há como reduzir tudo isso a um número.

> **Fatos do metabolismo**
>
> Calorias vazias geram promessas vazias. Elas nada fazem por seu metabolismo. Mas calorias ricas em nutrientes voltam a acioná-lo. Não se preocupe com calorias; em vez disso, pense na qualidade do que você come.

Mito metabólico nº 4: "Comer sobremesas engorda"

Não culpe o pobre chocolate, aquele sorvete delicioso, o bolo de aniversário ou os biscoitos pela lentidão do seu metabolismo. As sobremesas devem ser celebradas! Quando comemos uma sobremesa de vez em quando, com um metabolismo rápido, podemos fazer isso sem culpa. Quando comemos uma sobremesa com um metabolismo lento, elas grudam em nós, como tudo o que comemos. Acrescente a isso o sentimento de culpa e você terá elevado seu nível de estresse, elevando também a liberação de hormônios de armazenamento de gordura e piorando ainda mais a situação. Gosto de dizer aos meus pacientes que a culpa engorda tanto quanto costelinha de porco. Se você quer mesmo uma sobremesa, coma com prazer e orgulho, aprecie e, o mais importante, sem estresse. Se não conseguir fazer isso, fique sem. O preço não compensa.

Verdade metabólica nº 1: "Para emagrecer, você precisa fazer as pazes com a comida"

Outra coisa muito importante em que você precisa começar a pensar, antes de iniciar o programa: se você quer consertar seu metabolismo e reverter os danos provocados pela cascata de eventos bioquímicos causados pelo estresse e pelas dietas crônicas, precisa começar com uma mudança fundamental: fazer as pazes com a comida. Seu metabolismo quer e precisa disso. É assim que seu corpo funciona. Preciso que você relembre como seu corpo deve reagir aos alimentos.

Cada vez que você ingere comida, ocorre uma série de reações bioquímicas. Seu corpo conhece essas reações, por isso, quando você sente o cheiro, toca ou apenas vê o alimento, seu corpo reage de uma maneira específica, antes mesmo de você começar a comer. Mas quem está sempre de dieta procura se afastar da comida. Essas pessoas desenvolvem uma relação tão negativa com a comida que perdem a noção do que pode ser uma relação saudável. Gosto de dizer que é um caso amoroso. É uma relação que pode ser ardente, picante e cremosa, variada e nojenta por causa do suor. Também personifica o verdadeiro significado de "até que a morte nos separe", porque sem comida não há vida. E sem comida saudável é praticamente impossível ter uma vida saudável.

Quando veem, sentem o cheiro ou o gosto de algo delicioso, as pessoas que vivem fazendo dieta logo pensam: "Não!" ou "Culpa!". Não é assim que o corpo deve reagir à comida.

Digamos que você foi convidado para uma festa, realizada basicamente em torno da mesa, como um almoço de Páscoa, ou está indo ao seu restaurante favorito. O que você vai fazer? Se é dessas pessoas que vivem fazendo dieta, provavelmente ficará ansioso, pensando: "Ai, meu Deus! O que é que eu faço? Pulo a entrada, mesmo que todos estejam comendo? Posso beber um pouco, mas nada de sobremesa; ou dar três mordidas em uma sobremesa, mas nada de álcool. Preciso descobrir como passar a noite sem ingerir carboidrato". E, pior: "É melhor ficar sem comer até a noite, assim posso comer de tudo".

Como é que você vai conseguir se divertir nesses eventos se fica tão estressado? Você não apenas ficará sem condições de apreciar momentos de sua vida que deveriam ser agradáveis, como também todo esse estresse fará com que o corpo armazene mais gordura. Você colocará seu corpo no modo "fome" e quando chegar na festa ou jantar vai comer demais, seu corpo ficará alucinado e transformará imediatamente todas essas calorias em gordura. Você pretendia fazer "o certo". Fazer o que as pessoas "de dieta" devem fazer. Mas essa é a coisa mais equivocada, a menos que você queira armazenar mais gordura, e aposto que não é isso que deseja.

Vamos mudar essa situação. Quando você for convidado para um evento bacana, é muito mais saudável para o seu metabolismo pensar coisas do tipo: "Puxa, fui convidado para uma festa incrível! Adoro a Páscoa! Mal posso esperar para chegar no meu restaurante favorito!". E você precisa comer normalmente ao longo do dia, para manter seu metabolismo funcionando. (Vou mostrar tudo o que deve fazer.)

Se você comer da maneira certa antes de um grande evento e adotar uma atitude positiva, manterá os hormônios do estresse sob controle. Em vez de dizer "Alerta vermelho, armazenar cada molécula de gordura!", seu corpo dirá: "Caramba, vamos nos preparar! Vamos nos mexer!". Então seu metabolismo estará a toda, e você será capaz de queimar todos os excessos que talvez se permita durante o evento especial. Além disso, estará muito mais predisposto a se divertir, mas não necessariamente se empanturrando de comida. Estará mais relaxado, feliz, e comerá de maneira comedida e prazerosa. Você só tem a ganhar. (Falarei mais sobre estratégias para lidar com eventos especiais no capítulo 10: "Vivendo com o metabolismo rápido".)

Perfil de uma pessoa desesperada

Tive um paciente que vou chamar de Jack. Era um homem muito alto, 45 quilos acima do peso. Ele queria começar o programa e fazê-lo duas vezes em dois meses. Estava desesperado para emagrecer, porque seu plano de assistência médica não aprovaria uma cirurgia no joelho, a menos que ele emagrecesse pelo menos 18 quilos. Isso foi em uma época em que ele estava extremamente ocupado no trabalho e sofrendo muita pressão. Eu disse a ele: "Jack, aproveite esta oportunidade e coma exatamente o que determinamos. O programa é simples. Abaixe a cabeça e concentre-se. Faça o seu trabalho e veja o que acontece".

Dois meses depois, Jack voltou. Tinha emagrecido 25 quilos e estava zangado comigo. "Imaginei que seria difícil. Que passaria fome. Por que não fiz isso antes? O que aconteceu comigo?"

Com uma agenda de trabalho maluca e o desespero para fazer a cirurgia, nem sequer teve tempo de imaginar como seria o programa. Ficou zangado porque ninguém jamais havia lhe oferecido a possibilidade de curar o metabolismo e ativar a queima de gordura. Estava zangado por ter passado tantos anos mantendo uma relação negativa com a comida. Antes de vir ao meu consultório, Jack havia passado anos fazendo dietas torturantes e passando fome e estava sempre acima do peso. Agora atingiu seu peso ideal, fez a cirurgia do joelho e pratica várias atividades físicas. Ele ainda fala da frustração de ter tido um metabolismo lento durante tantos anos, quando poderia ter tido um metabolismo rápido.

Entendo perfeitamente e fico triste e feliz ao mesmo tempo por fazer o que faço todos os dias.

É uma forma inteiramente nova de pensar e uma forma inteiramente nova de viver, e você vai adorar: consertar seu metabolismo e, o que é ainda melhor, *comendo muito bem*. Você jamais voltará a se preocupar com calorias ou culpa em eventos especiais, ou em qualquer situação ligada a comida. Por isso, nas próximas quatro semanas, deixe este programa colocar seu corpo nos eixos.

Apaixone-se novamente pela comida e deixe que ela alimente, cuide e transporte você para um novo paradigma alimentar.

Verdade metabólica nº 2: "Comida é uma coisa que já foi viva e veio da terra, do céu ou do mar"

As coisas precisam ser reais para serem chamadas de comida em meu livro: maçãs, laranjas, abacate, frango, batata-doce, carne de porco, camarões, amêndoas, mangas. Substâncias químicas, adoçantes artificiais, corantes, conservantes, pesticidas, plásticos, bloqueadores de gordura, limpadores de forno, herbicidas e inseticidas não contam como comida.

Você já reparou que algumas dessas substâncias são usadas em nossa "comida"? E o que será exatamente o Amarelo nº 5 ou o Azul nº 6? Para que servem o alumínio, o benzoato de sódio, a quinolona, a carmoisina e a tartrazina? Eu estava lendo o rótulo de uma embalagem e o segundo ingrediente era Amarelo E102. Não lembro se pretendia assar, cozinhar ou fritar o "amarelo", mas decidi deixar o produto de lado.

Muitas dessas substâncias químicas são usadas para colorir tinta, remover manchas do seu carpete ou na construção de navios e coletes à prova de balas. Não são alimento! Por isso não deveriam ser consumidas.

Use-as na decoração da casa ou para construir abrigos antiaéreos, mas não as coloque na boca. A Sociedade Médica Americana (American Medical Society) cunhou um termo para essas substâncias químicas industriais usadas nos alimentos: obesogênicos. Essas substâncias perturbam o equilíbrio hormonal e inibem o metabolismo dos lipídios

> **Fatos do metabolismo**
>
> O fígado decompõe as substâncias químicas e metaboliza a gordura dos alimentos, do colesterol e do seu traseiro. Você é quem decide como quer que seu fígado passe o dia: decompondo as substâncias químicas que você consome fingindo que são comida ou queimando a gordura do seu traseiro, da sua barriga, das coxas ou do queixo.

Retrato de quem faz dieta mas não come comida

Conheci Debi porque o Extra TV estava produzindo um quadro e queria que eu cuidasse da transformação do corpo de alguém. Debi era a americana típica — trabalhava como assessora em educação especial, e seu marido era sargento da polícia. Eles têm um filho com necessidades especiais e uma vida bem estressante. Debi tentava emagrecer há anos. Tinha gastado milhares de dólares em programas de dieta, mas como seu metabolismo estava estagnado, podia morrer de fome, e mesmo perder 1 quilo para ela seria um milagre.

Não pude deixar de sentir uma grande compaixão por Debi. Ela era uma pessoa linda, afetuosa, que simplesmente não conseguia entender por que não conseguia ficar saudável. Estava exausta, esgotada. O mais preocupante é que estava com o colesterol alto e tinha histórico de problemas cardíacos na família. Quando a conheci, ela não tinha ideia do que deveria cozinhar ou comer, ou mesmo de que alimentos faziam bem. Vivia comendo salgadinhos zero gordura, sem açúcar. Quando mostrei minhas receitas, ela disse: "Mas feijão não engorda? Há anos não como uma manga. E uma colher de manteiga de amêndoa não tem 200 calorias?".

Seu corpo havia pagado um preço muito alto pelos anos de dieta e produtos diet cheios de substâncias químicas disfarçadas de comida. Ela tomava remédio para o colesterol (o fígado decompõe o colesterol, mas estava muito ocupado lidando com as substâncias químicas para fazer esse trabalho) e tinha medo de sofrer um ataque cardíaco e deixar seus filhos órfãos. Qual mãe não tem esse medo?

Coloquei Debi na Dieta do Metabolismo Rápido, e em 14 dias ela perdeu 6 quilos, comendo bem. Parecia dez anos mais jovem, e o médico suspendeu o remédio para o colesterol — em apenas duas semanas.

(gordura). Os obesogênicos deixam as pessoas gordas! Infelizmente, e ironicamente, a maioria dos produtos diet industrializados está cheia dessas substâncias.

Evite-as. Se ainda precisa perguntar o motivo e não está preocupado com o fato de que o acúmulo dessas toxinas pode matá-lo, pense nisto:

Quando você come comida de verdade, ingere nutrientes e fibras. Tudo o que há no alimento pode ser usado de uma forma boa pelo corpo. Assim, não haverá necessidade de o corpo filtrar substâncias químicas, conservantes não bloquearão a absorção de nutrientes, e o corpo não sofrerá experiências químicas bizarras causadas por aditivos.

Sou nutricionista. Lido todos os dias com perguntas, telefonemas, cartas e e-mails perguntando se está certo comer isso ou aquilo. Sinceramente, digo "sim" para quase tudo o que é alimento verdadeiro. Entretanto, como sua nutricionista, você jamais me verá incentivando o consumo de obesogênicos.

Vamos falar sério e consertar seu metabolismo.

CAPÍTULO 2

OS CINCO ELEMENTOS MAIS IMPORTANTES — E POR QUE ELES SÃO ESSENCIAIS PARA A RESTAURAÇÃO METABÓLICA

Boa parte da minha formação foi feita no mundo da saúde holística, e muitos dos meus colegas gostam de falar da conexão mente-espírito. Eles dizem que se você não incorporar a mente, o corpo e o espírito, não estará inteiro. Acho isso muito bom e, teoricamente, concordo. Mas não tenho muita certeza do que significa. Como se consegue isso?

Como agrônoma (minha formação nessa área sempre aparece), formulei minha própria versão desse conceito. Em vez de mente-corpo-espírito, gosto de falar de cérebro-carne-hormônios. Não é muito bonito. Certamente é mais esquisito, mas faz mais sentido para mim.

Em primeiro lugar, o cérebro, ou mente, é essencial para o bem-estar. Como você pensa em relação à comida? Como você decide criar uma relação saudável com a comida? Que escolhas você faz, conscientemente, em relação à saúde? Como você administra o estresse? Como vimos no capítulo anterior, você precisa estar com a cabeça no lugar se quiser mudar sua vida, sua relação com a comida e seu paradigma de saúde.

A carne vem depois. Você precisa de uma estrutura forte — ossos densos, músculos fortes, sangue limpo e pele flexível. Você precisa agir para conservar e maximizar seu corpo físico se quiser se sentir forte e saudável, além de queimar, construir ou armazenar energia de acordo com suas verdadeiras necessidades físicas — as necessidades da carne.

Por fim, os hormônios são como o espírito — você não pode vê-los, mas eles têm um efeito dramático sobre tudo o que você faz, sobre tudo o que você sente, sobre tudo o que você é. A secreção dos hormônios é o que coloca em movimento tudo o que há no seu corpo. Eles fazem seu coração bater e ditam como serão o armazenamento e a liberação de energia no corpo. E o equilíbrio hormonal desempenha um papel muito importante no ritmo do metabolismo.

Outra característica única dos hormônios é a forma como reagem ao ambiente e ao mundo exterior. Se você conhecer um homem ou uma mulher bonita, por exemplo, seu coração pode acelerar; se você se deparar com um homem assustador ou com uma mulher furiosa, seu coração pode disparar, como se quisesse sair pela boca. São interações hormonais que enviam um sinal para o cérebro e provocam uma reação fisiológica, corporal. Queremos controlar algumas das interações hormonais que estão afetando seu peso e sua saúde, para que seu corpo funcione da melhor forma possível.

Para ter bem-estar, você precisa que os três — cérebro, carne e hormônios — trabalhem em perfeita harmonia.

No capítulo anterior, falamos sobre mudança de mentalidade e sobre a necessidade de repensar sua relação com a comida e com a dieta. Agora vamos examinar as outras partes — a carne e os hormônios. Você sabe o que pensa, mas talvez não saiba como funciona seu fígado, o que sua tireoide está fazendo ou se os seus hormônios estão equilibrados. Mas deveria.

Seu corpo é como uma casa — um templo, costumam dizer —, e você deveria saber o que está acontecendo dentro dessa estrutura preciosa, principalmente em relação ao que você realmente pode fazer para melhorar sua saúde e conseguir acelerar seu metabolismo. Vamos começar com os cinco elementos mais importantes.

Os cinco elementos mais importantes do seu corpo

Está na hora de sermos um pouco mais específicos em relação ao que realmente acontece dentro do corpo quando o metabolismo está lento. Não se preocupe, não vou lhe dar uma aula de anatomia. Existem outros livros para isso. Mas, ao longo deste livro, direi coisas do tipo "isso é alimento para o fígado", ou "estamos fazendo isto para ajudar a hipófise", ou "pense na felicidade da tireoide quando você come isso". E quero que você saiba do que estou falando, que aguente firme enquanto mostro um pouco do meu lado ligado a ciência.

Quero que entenda o que seu corpo está fazendo para podermos consertar o que não está funcionando e seja um participante ativo desse processo. Quando chegar ao fim deste capítulo, você entenderá muito mais sobre o seu corpo. Também terá os instrumentos necessários para criar o corpo saudável, elegante, de funcionamento perfeito, como quer a natureza.

Os cinco elementos mais importantes

1. Fígado
2. Glândulas suprarrenais
3. Tireoide
4. Hipófise
5. Substância corporal: tecido adiposo branco, tecido adiposo marrom e músculo

FÍGADO

O fígado é vital e essencial para manter você e todos os seus sistemas corporais funcionando. Mais de 600 funções metabólicas conhecidas acontecem no fígado, e virtualmente todos os nutrientes, hormônios e substâncias químicas precisam ser biotransformados ou ativados por esse órgão. O fígado é seu cavalo de batalha, e, sem ele, você morreria.

Seu fígado produz a bile, solução de nome desagradável mas poderosa, que quebra as gorduras (e os nitritos e nitratos do bacon e de carnes processadas). Os hormônios são secretados por glândulas de todo o corpo, mas é o fígado que quebra os hormônios e torna-os biologicamente ativos para que possam trabalhar para você. Ele liga o interruptor depois de você colocar a lâmpada. O fígado influencia o equilíbrio líquido e eletrolítico, o inchaço e a inflamação, a desidratação e a flatulência. Também age como um filtro para o sangue que percorre o sistema digestivo. Converte as vitaminas B em coenzimas e metaboliza nutrientes como proteínas, gorduras e carboidratos. O órgão produz também a carnitina, que transporta a gordura até as mitocôndrias — pequenos centros de força ou conversores de gordura do seu corpo. A quantidade de carnitina no seu sistema determina a quantidade de gordura que pode ser entregue e incinerada. *Essa simples relação entre o fígado e as mitocôndrias pode influenciar até 90% da sua queima de gordura, determinando o ritmo do metabolismo.* Quanto mais rápida e eficiente a produção de carnitina no fígado, mais rápido e eficiente é o seu metabolismo.

A comida que você ingere tem que alimentar o fígado em vez de sobrecarregá-lo. Se não alimentar o fígado de forma apropriada e frequente para estimular seu funcionamento perfeito, todo o restante será interrompido. Como o fígado está muito ligado ao metabolismo, é um dos órgãos mais cruciais que alimentaremos com a Dieta do Metabolismo Rápido.

GLÂNDULAS SUPRARRENAIS

As suprarrenais são pequenas glândulas que ficam em cima dos rins, na parte inferior das costas, e secretam hormônios que regulam a resposta do corpo ao estresse de todos os tipos: físico, emocional, ambiental e mental. As suprarrenais são responsáveis pelos hormônios que permitem a adaptação do corpo de maneira funcional ou disfuncional às situações de mudança. Esses hormônios determinam como você acessa a energia do corpo e o que você faz com o combustível ou alimentos que consome. Armazena como gordura? Ou queima como energia?

Digamos que você precise trabalhar a noite toda, fazer mudanças no seu livro para entregar ao editor. Você continua comendo a cada três horas, alimentando seu corpo, hormônios e cérebro? Ou para de comer às seis da tarde? As pessoas normalmente fazem isso, mesmo que não estejam dormindo. Resposta: quando você está acordada e trabalhando, precisa continuar comendo. Caso contrário, deixará seu corpo sem combustível e ele começará a pensar que você está passando fome, e antes que você perceba seu metabolismo diminuirá o ritmo.

Entre os hormônios especificamente ligados ao metabolismo liberados pelas suprarrenais estão o cortisol, a adrenalina e a aldosterona. Eles são liberados em resposta ao estresse e/ou prazer. Os fatores estressantes podem ser tão significativos quanto um acidente de carro ou tão pouco importantes quanto perder uma refeição. As suprarrenais reagem ao estresse agudo de um desastre da mesma maneira que reagem ao estresse crônico de um relacionamento difícil, de um ambiente de trabalho desagradável ou de uma situação familiar complicada.

A secreção dos hormônios do estresse regula a liberação de glicose ou açúcar das células dos músculos e do fígado para estimular ou desacelerar o metabolismo. Isso significa que esse processo é dependente de nutrientes, ou dependente da comida que você come ou não. Quando ficamos estressados, o aumento dos hormônios será influenciado pelo que acabamos de comer. Se ingerirmos os alimentos corretos nos períodos de estresse, queimaremos mais gordura, em vez de armazená-la.

Simplificando: o estresse tira nutrientes de lugares que você não pode se dar ao luxo de perder (como os músculos). Se você tem uma dieta saudável, rica em nutrientes, seu corpo não precisará recorrer a isso. Você conseguirá lidar com o estresse. Mas, se você não está comendo o suficiente, ou o suficiente de alimentos certos, seu metabolismo ficará lento devido a uma complexa cadeia de reações químicas. Se estiver comendo os alimentos nas horas certas, você alimentará as glândulas suprarrenais de forma que elas consigam sobreviver ao estresse sem recorrer ao metabolismo lento.

A fadiga adrenal pode ocorrer quando o corpo sofre estresse intenso e prolongado. Isso acontece porque o corpo secreta cronicamente os hormônios do estresse destinados a situações de crise. Sabe aquela sensação que temos quando ficamos assustados ou com medo? É um pico hormonal. Para mim, esses hormônios são sagrados. Deveriam ser poupados para uma emergência real; porém, muitos de nós vivemos e sobrevivemos diariamente com a energia desses hormônios. Não é assim que nosso corpo deveria funcionar! Quando os hormônios do estresse aumentam constantemente, o corpo fica em estado de crise permanente. Nessas condições, os hormônios diminuem a queima de combustível, porque o corpo não vê um fim na demanda desgastante. A fadiga adrenal é um problema cada vez mais frequente em minha clínica. A queda na qualidade dos alimentos e o aumento das substâncias químicas ambientais contribuem para piorar a situação. Por isso é tão importante ingerir o máximo possível de alimentos limpos (isto é, orgânicos). Suas glândulas suprarrenais agradecem.

Preserve suas glândulas suprarrenais! Acalme-as com esta dieta e a gestão do estresse.

Momento científico

Vamos observar mais atentamente o que acontece quando seu corpo percebe o estresse. Primeiro, o hipotálamo (glândula do tamanho de uma amêndoa que fica no seu cérebro) estimula a hipófise (uma glândula do tamanho de uma ervilha que fica na base do cérebro) a produzir um hormônio chamado ACTH (hormônio adrenocorticotrófico). O ACTH estimula suas glândulas suprarrenais (aquelas coisinhas que ficam nas suas costas, em cima dos rins) a produzir o cortisol. Está me acompanhando? Por sua vez, o cortisol estimula o hipotálamo, parte do cérebro, a pedir à hipófise, parte do cérebro, que reduza a produção do hormônio estimulante da tireoide, ou TSH (thyroid-stimulating hormone, em inglês).

O TSH reduz a produção de outro hormônio tireoidiano responsável pela queima de gordura, o T3, provocando formação em excesso dos hormônios rT3, que causam o armazenamento de gordura e a lentidão no ritmo do metabolismo. Na falta de nutrição adequada, todo esse processo faz com que as suprarrenais estimulem a aldosterona, outro hormônio, a decompor os músculos para obter energia (na forma de glicose armazenada como glicogênio) e então agir com o rT3 para transformar a glicose em gordura, para ser armazenada. Isso não é bom para você, nem para seus esforços para emagrecer e sentir-se bem.

Se você tiver um amplo suprimento de aminoácidos, além de minerais como iodo, açúcares complexos e uma função enzimática saudável do fígado (que depende de nutrientes dos alimentos), então, em vez de canibalizar seus músculos para obter energia para uma crise, conseguirá manter uma resposta de secreção de cortisol saudável. Isso fará com que o T4 seja convertido em T3, biologicamente ativo, metabolicamente agressivo e queimador de gordura, em vez do incômodo rT3, que causa tantos problemas quando produzido em excesso. Seu corpo agirá como uma máquina de combate magra e cruel, em vez de uma mistura confusa de pânico e armazenamento de gordura.

TIREOIDE

A tireoide é a estrela do metabolismo! É uma glândula em forma de borboleta localizada no centro da garganta, e apesar de saber que estou misturando as metáforas, eu diria que ela é a fornalha do seu corpo. A hipófise (que examinaremos mais detalhadamente em seguida) é como o termostato, e o hipotálamo é quem controla o termostato. Mas a tireoide é a fornalha, e os hormônios que ela produz, como o T3 e o T4, são o calor. Quando esquenta demais, o termostato precisa ser regulado para baixo; se esfriar demais, o termostato precisa subir. Se um desses três mecanismos não estiver funcionando direito, a temperatura do corpo — reflexo direto do metabolismo ou taxa de queima de energia pelo corpo — ficará desligada. A casa vai ficar quente demais ou muito fria.

A tireoide realiza muitas tarefas metabólicas através de inúmeras funções no corpo, incluindo a retirada de iodo dos alimentos para a produção dos hormônios tireoidianos T3 e T4. O T3 e o T4 viajam pela corrente sanguínea e influenciam o metabolismo através da conversão do oxigênio e calorias em energia. Isso é muito importante! É o que você deseja — uma fornalha eficiente alimentada por comida e aquecendo sua casa para que fique quentinha e confortável. O T3, em especial, é o super-herói do metabolismo rápido. A força metabólica do T3 é aproximadamente quatro vezes maior do que a força do T4.

Mas a tireoide tem um lado obscuro — um hormônio chamado rT3 (T3 reverso), que foi apresentado no capítulo anterior e é muito importante no processo de reparação metabólica. O rT3 é como aquele parente problemático que aparece no Natal, mas não sabe se comportar e acaba estragando a festa de todo mundo. É um hormônio tireoidiano malformado, não muito eficiente para estimular o metabolismo e que, na verdade, bloqueia o funcionamento saudável do T3.

O rT3 não age intencionalmente para atrapalhar as coisas e acabar com seus planos de usar aquela calça jeans justa. É, na verdade, uma resposta inteligente para evitar que você morra de fome. O problema é que, quando você faz dieta, sabe que não está morrendo de fome (embora algumas dietas possam dar essa impressão), mas seu corpo não tem a mesma certeza.

Nas situações de estresse crônico, de algumas doenças ou privação nutricional, o rT3 fica atento ao "alerta vermelho" do seu corpo. Com isso, o rT3 se liga aos receptores do T3 e causa uma interferência de forma que o T3 não consegue realizar seu trabalho. O rT3 joga um grande balde de água fria no seu fogo metabólico, se esforçando para salvar suas reservas de gordura para que você não morra devido ao que certamente é um evento catastrófico de fome generalizada.

O resultado é que seu corpo para de queimar e começa a armazenar. Às vezes ocorrem sérios problemas com o termostato do seu corpo, como a tireoidite de Hashimoto (hipotireoidismo), a doença de Graves (hipertireoidismo) ou a peroxidase tireoidiana (quando o corpo ataca a própria tireoide). Essas doenças que atingem a tireoide nem sempre são diagnosticadas com facilidade e podem ter um papel importante em um metabolismo muito lento.

A Dieta do Metabolismo Rápido é elaborada para propiciar a produção correta de hormônios da sua tireoide. Mas, como as coisas podem dar errado com a tireoide, acredito que é importante verificar sua química sanguínea para ter certeza de que está funcionando adequadamente. Muitos livros que abordam a saúde feminina falam da tireoide, porque o hipotireoidismo é uma condição frequentemente não diagnosticada que pode causar a lentidão do metabolismo, o ganho de peso, a perda de cabelo, unhas quebradiças, prisão de ventre, dor de cabeça e cansaço. Sempre recomendo a minhas pacientes que façam exames da tireoide (falarei desses exames no final do capítulo).

HIPÓFISE

Mencionei rapidamente a hipófise no capítulo anterior, mas vamos tratá-la com mais carinho. Vejo a hipófise como o termostato do corpo. Ela secreta hormônios que regulam ou ajustam as ações de muitos outros hormônios.

Por exemplo, a hipófise estimula a tireoide a secretar seus hormônios com o TSH. Se o TSH estiver alto, significa que a tireoide está precisando de muita motivação ou de incentivo para fazer seu trabalho (hipotireoidismo). Imagine a hipófise gritando para a tireoide: "Vamos lá, sua preguiçosa! Mexa-se!".

Se o TSH estiver normal, tudo o que a hipófise precisa fazer é falar normalmente: "Continue a fazer um bom trabalho". Se o TSH estiver muito baixo, então a tireoide está muito ativa (hipertireoidismo), e a hipófise só precisa sussurrar. É claro que, como expliquei antes, se a tireoide estiver produzindo muito rT3, que armazena gordura, a hipófise pode achar que ela está produzindo muito hormônio e apenas sussurra quando deveria estar gritando. Por esse motivo, um exame normal da tireoide não mostra necessariamente o funcionamento ideal da tireoide, pois não separa o rT3 do T3, que alimenta o fogo.

A hipófise também regula a produção dos hormônios sexuais, como o estrogênio, a progesterona e a testosterona. A regulagem de cada um deles, assim como dos hormônios das suprarrenais, é crucial para a saúde do corpo e rapidez do metabolismo. Por isso a hipófise não apenas é o termostato da fornalha, como também o centro de controle do imenso ecossistema formado pelos hormônios.

SUBSTÂNCIA CORPORAL

O último dos elementos fundamentais que influenciam diretamente o metabolismo é a *substância corporal* — nome que dou ao conjunto de gordura, ossos, tecido conjuntivo e músculos do seu corpo. O corpo armazena a maior parte da sua reserva de energia ou nos músculos ou na gordura. Como os músculos estão sempre se contraindo, relaxando, batendo, empurrando e puxando, é preciso muita energia para criá-los e mantê-los. É por isso que dizem que os músculos consomem mais calorias, ou energia, do que a gordura. A gordura fica quieta. Você já a viu fazer alguma coisa além de balançar na sua cintura ou nas suas coxas? A gordura não faz muita coisa além de se agarrar à energia, e por isso é preciso pouca energia ou poucas calorias para mantê-la. (E lembre-se, se você não comer nem fornecer energia de fora, o corpo vai decompor os músculos e armazenar essa energia como gordura!)

Existem dois tipos básicos de gordura no corpo: gordura branca e gordura marrom. Durante décadas os cientistas acreditaram que a gordura marrom só estava presente e só era importante para os bebês e as crianças pequenas, para ajudá-los a se manterem aquecidos e conservar a temperatura do corpo. Agora acredita-se que, apesar de existir em quantidades muito pequenas nos adultos, a gordura marrom tem um papel crucial na regulagem dos açúcares do sangue e do metabolismo. A gordura marrom é marrom porque é rica em mitocôndria (aquelas partes da célula que produzem energia).

Quanto mais obesa é a pessoa, menor a quantidade de gordura marrom e maior a de gordura branca (a gordura que você não gosta quando balança). Essa é só mais uma brincadeira boba do seu corpo, porque a gordura marrom queima nove vezes mais rápido o combustível fornecido pelos alimentos. Então, por que seu corpo parece tão apaixonado pela gordura branca, acumulando-a como um avarento? Porque seu corpo pensou que poderia precisar de reservas de energia! Muito obrigada, dieta crônica! O principal objetivo de ser da gordura branca é servir de combustível de longo prazo, e seu corpo fará um esforço hercúleo para segurá-la, caso haja algum desastre.

A gordura branca não é de todo má. Na verdade você precisa dela, e ela tem uma função muito importante. Ela é a gordura que está sob a sua pele (gordura subcutânea) e ao redor dos seus órgãos (gordura visceral). Ela visa manter a temperatura corporal, proteger os órgãos e atuar como local de armazenamento de energia para necessidades futuras. A gordura branca também secreta alguns hormônios e regula a produção de outros, e esses hormônios se comunicam diretamente com as suprarrenais, a hipófise e o hipotálamo.

No entanto, quando seu metabolismo desacelera, seu corpo começa a produzir a gordura branca desesperadamente, juntando gordura como algumas pessoas juntam jornais velhos, sapatos, papéis ou cachorros abandonados. Você pode literalmente ser enterrado vivo com toda essa energia economizada na forma de gordura branca.

A gordura marrom, por outro lado, é uma gordura termogênica. Ao contrário da gordura branca, em vez de armazenar energia, ela prefere queimá-la. Também ajuda a estimular o metabolismo aquecendo o corpo, aumentando o fluxo sanguíneo e facilitando a liberação de nutrientes para a gordura branca. A gordura marrom ajuda a regular o colesterol e o triglicérides, transporta os resíduos a serem eliminados para o intestino, sintetiza proteínas, armazena e metaboliza os ácidos graxos usados para energia. A gordura marrom também metaboliza os carboidratos e os armazena como glicose para as células vermelhas do sangue e do cérebro.

O interessante é que, nos adultos, a gordura marrom costuma ficar localizada apenas atrás das escápulas, ao redor do pescoço e sob a clavícula. É também nessa região que eu e muitos dos meus pacientes dizemos sentir mais tensão acumulada. Os hormônios do estresse afetam diretamente a atividade da gordura marrom. Ela pode ser sua melhor amiga se você quiser melhorar seu metabolismo, pois sua atividade hormonal faz com que ela libere uma tonelada de energia dos alimentos. A gordura marrom também parece ser ativada pelo frio, enquanto a liberação de energia armazenada na gordura branca parece ser estimulada pelo calor. Tanto a queima da energia na gordura marrom quanto a liberação da energia da gordura branca são sustentadas por uma função saudável da tireoide.

Vamos rever os cinco elementos principais, pois eles são fundamentais para que você use a comida para esculpir seu corpo da maneira desejada. Alimentar seu fígado, acalmar as suprarrenais, maximizar a hipófise e a função tireoidiana, ajustar o equilíbrio de gordura — esses são os pilares do metabolismo rápido.

O simples fato de mudar a maneira como você se alimenta vai mobilizar e facilitar respostas hormonais saudáveis ao estresse, acelerar o metabolismo e maximizar a distribuição eficiente e equilibrada de gordura, água e músculos do corpo. Em pouco tempo, você poderá contemplar o incrível poder dos alimentos no seu próprio espelho!

O papel do médico na alimentação do seu metabolismo

"Como descubro se tenho metabolismo lento?"

Essa é uma das perguntas que mais ouço e é uma das principais razões pelas quais gosto que meus pacientes façam alguns exames básicos antes de iniciarem a Dieta do Metabolismo Rápido. Os exames não são necessários para aproveitar os benefícios do programa, mas podem ajudar a entender exatamente qual é a sua situação e até onde você precisa ir.

Recomendo exames de laboratório com uma ressalva: eles representam apenas uma espiadinha pela janela da casa que é seu corpo. Imagine que você está procurando uma nova casa para morar. Um dia você se depara com uma casa bacana e fica se perguntando se deve ligar para o corretor para conhecê-la por dentro. Antes de ligar, você vai até o quintal e dá uma espiadinha pela janela. Vê uma linda sala, com pé-direito alto, piso de madeira, bem iluminada. Ótimo! Mas você não consegue ver a casa inteira. O andar de cima pode estar inteiramente deteriorado, com intrusos ou ratos e as paredes rabiscadas. Ou o andar de cima pode estar ótimo. Não há como saber, pois você não consegue ver tudo. Você não tem como saber tudo a respeito da sua saúde com exames de laboratório, mas pode ter uma ideia preliminar.

Lembre-se também de que, mesmo que todos os seus exames pareçam ótimos, se você estiver acima do peso, fora de forma e comer mal, seu corpo deve estar trabalhando demais para manter uma boa química sob circunstâncias tão adversas. Já atendi pacientes que me mostraram seus exames, dizendo: "Veja, está tudo normal. Está tudo bem! O médico disse que não tenho nada". Não consigo deixar de dizer: "Olhe para você. Você não está bem. Olhe!".

É tão frustrante quando você está acima do peso e seu médico diz: "Os exames estão muito bons, está tudo bem; até o ano que vem". Alguns pacientes dizem que ficam muito irritados diante dessa situação. Sentem vontade de gritar: "Você olhou bem para mim? Está me vendo direito? É evidente que estou com um problema metabólico". E estão mesmo. Por isso, lembre-se: os exames de laboratório são uma espiada pela janela, mas não são tudo, porque você não precisa de uma doença mensurável para ter um metabolismo lento. Além disso, você pode ter sintomas importantes e cair na categoria "normal". Seus exames podem ser perfeitos, e seu metabolismo, ruim. Se você precisa perder mais de 4,5 quilos, seu metabolismo não é o que poderia ser.

Se é assim, por que se dar ao trabalho de fazer os exames? Porque alguns exames básicos podem alertá-lo para alguns problemas de saúde que você talvez desconheça, ou podem mostrar que você está muito bem e só precisa de um chute no traseiro. Os exames podem não mostrar tudo o que está acontecendo, mas podem dar a você e ao seu médico algumas dicas valiosas.

E por falar em médico, este é o momento para estabelecer uma parceria com um médico aberto aos seus esforços para emagrecer e acelerar seu metabolismo, se você já não tiver um. Minha situação é privilegiada, pois trabalho com médicos incríveis e tenho acesso a um laboratório na minha clínica. Mas talvez não seja algo tão fácil para você. Se o seu médico ou médica hesitar em fazer os exames, diga que foram solicitados por sua nutricionista. Alguns laboratórios fazem os exames sem o pedido médico. Nenhum dos exames que menciono abaixo é incomum ou muito caro.

As informações mais importantes nos exames de laboratório, além dos números anormais, são aquelas que indicam um metabolismo rápido porque os resultados "normais" são bastante amplos. É importante que você conheça seus números para saber se tem a química de uma pessoa com metabolismo lento ou de uma pessoa com metabolismo rápido, ou mesmo se está em uma situação intermediária.

Formando a equipe

Quando comecei a trabalhar na área, nutrição era considerada "medicina alternativa*". Percebi que havia uma mentalidade do tipo "nós contra eles" em ambos os lados — tanto por parte dos profissionais holísticos quanto dos médicos tradicionais. Nunca concordei com isso e felizmente percebo que a situação está mudando. Um número cada vez maior de médicos tradicionais está se abrindo para os métodos holísticos, e os profissionais holísticos estão cada vez mais fazendo parcerias com os médicos tradicionais para o bem de seus pacientes.

Sempre achei que todos poderiam ser meus parceiros para ajudar a colocar meus pacientes no caminho da saúde. A dra. Jackie Fields, uma de minhas mentoras, costumava dizer: "É do interesse do paciente ter uma clínica sem muros". O que ela queria dizer é que, se você não tiver as respostas, precisa sair e encontrar quem as tenha. Crie uma equipe para ajudar você em sua busca por um metabolismo rápido e saudável, uma boa nutrição e alívio para o estresse. Você é o capitão da equipe. Vamos lá!

* Nos Estados Unidos não existe formação universitária de nutrição; é um curso aberto que qualquer pessoa pode fazer. No Brasil, a Faculdade de Nutrição foi criada na Faculdade de Medicina; a formação leva de quatro a cinco anos, e os profissionais são fiscalizados pelo Conselho Regional de Nutrição (CRN).

Lembre-se de que não sou médica, por isso minha opinião a respeito dos resultados que indicam um metabolismo rápido pode ser diferente daquilo que diz seu médico. Mas também não sou uma pessoa qualquer sugerindo que você incomode seu médico para receitar exames inúteis. Uso esses resultados com os pacientes da minha clínica, e a maioria deles me procura por recomendação de seu médico. Peço esses exames aos meus pacientes, e os médicos costumam pedir minha opinião porque vou além do "ideal", principalmente quando o objetivo é o emagrecimento.

Estes são os exames que eu gostaria que você solicitasse ao seu médico:

Tireoide: fale com seu médico para que ele peça exames de TSH, T3, T4 e rT3. Não se esqueça de falar do rT3, pois ele não costuma constar dos pedidos médicos. Com isso, você talvez descubra algum problema no funcionamento da tireoide, mas existem outros, como o TPO ou anti-TPO, se você estiver preocupado com a doença de Hashimoto ou doença de Graves. Esses exames podem revelar ainda mais coisas sobre seu estado geral e quanto é importante nutrir seu corpo e seu metabolismo. Se você tiver um *metabolismo rápido*, o resultado vai ser mais ou menos assim:

Sua química corporal

	Normal	Metabolismo rápido
Painel da tireoide		
TSH	4-4,5 mIU/L	Abaixo de 1,0 mIU/L
T3	2,3-4,2 pg/ml	3,0-4,2 pg/ml
T4	0,7-2,0	1,5-2,0
rT3	90-350 pg/ml	120 ou menos pg/ml
Painel dos lipídios		
Colesterol	125-200 mg/dl	165-185 mg/dl
Triglicérides	Menos de 150 mg/dl	75-100 mg/dl
HDL (colesterol "bom")	Mais que 46 mg/dl	70 mg/dl ou mais
LDL (colesterol "ruim")	Menos de 130 mg/dl	100 mg/dl ou menos
Painel de açúcar		
Hemoglobina glicada	Abaixo de 6,0	Abaixo de 5,4
Glicemia em jejum	65-99 mg/dl	75-85 mg/dl*
Hormônios e acessórios		
Cortisol	5-23 mcg/dl	8-14 mcg/dl
Leptina	18	10-12

* Se o resultado estiver na casa dos 70, você está queimando gordura loucamente.

Lição sobre a leptina

A leptina é um hormônio que promove o armazenamento de gordura branca e costuma ser estimulada pela produção de células de gordura, criando um círculo vicioso de produção de gordura. A leptina bloqueia os receptores dos hormônios sexuais, incluindo o estrógeno, a progesterona e a testosterona. Quando isso acontece, o corpo começa a armazenar os hormônios em vez de usá-los, o que estimula o armazenamento de gordura. Por exemplo, quando o corpo armazena estrogênio, você pode ficar inchada e engordar. O estresse, a falta do café da manhã e as flutuações hormonais que ocorrem durante a gravidez, a menopausa e até mesmo a andropausa (a menopausa masculina) são as causas mais comuns para o aumento da leptina. Algumas dessas coisas escapam ao nosso controle, por isso precisamos fazer tudo o que estiver ao nosso alcance para mantermos os hormônios equilibrados pela hipófise, metabolicamente convertidos pelo fígado e prontamente disponíveis para formar músculos, e não para armazenar gordura.

Também temos que acalmar as suprarrenais usando a comida como combustível. É exatamente esse o objetivo da Dieta do Metabolismo Rápido: controlar o que está ao seu alcance, criar um ambiente que favoreça o metabolismo rápido e consertar os desequilíbrios que se acumularam. O seu café da manhã está sob seu controle... então coma!

Estrogênio: Apenas para as mulheres. É bom checar o nível do estrogênio independentemente da idade. Se você estiver no climatério, aquele período de até dez anos antes da menopausa, seus níveis de estrogênio podem mostrar se um desequilíbrio hormonal pode ser a causa de alguns sintomas. Antes disso, é bom ter uma leitura dos dados para você saber quando houver algum desequilíbrio depois. O ideal é verificar as três formas diferentes do estrogênio: estradiol, estriol e estrona. O estradiol é o que os médicos mais gostam de acompanhar. Quando há excesso de peso na região abdominal ou nas mulheres na pós-menopausa, examino a estrona, porque sua produção não está limitada aos ovários. Também pode ser estimulada pelas células de gordura e glândulas suprarrenais e pode estar relacionada ao ganho de peso desencadeado pelo estresse.

Existem muitas interpretações diferentes quanto aos níveis ideais desses três estrogênios. No que diz respeito ao metabolismo, quero ter certeza de que os três estão nos níveis considerados “normais” e que nenhum deles está fora de controle. Se estiver menstruando, faça esse exame o mais próximo possível do terceiro dia do seu período menstrual. Esse é um dos melhores períodos para observar com maior exatidão os hormônios.

TESTOSTERONA: Apenas para os homens. O normal está entre 200 e 800, mas os homens com metabolismo rápido podem ter resultados que variam entre 800 e 1.200. Gosto de ver 600 ou mais. O conhecimento desses números permite ver um aspecto importante da sua saúde e fazer algo a respeito — e o que você pode fazer é *comer.* A Dieta do Metabolismo Rápido foi planejada para proporcionar o combustível necessário ao corpo saudável. A comida é o remédio.

Quando seus resultados são ruins, quando seu metabolismo está lento, mude primeiro sua dieta. Você pode bater no cavalo para que ele alcance a linha de chegada; ou pode alimentá-lo, treiná-lo e cuidar dele. Nos dois casos você pode ganhar a corrida nesse dia, mas, se continuar batendo no cavalo, ele vai se descontrolar, diminuir a velocidade, bater e perder — quando você mais precisar do dinheiro do prêmio.

Não há garantia alguma na vida ou na saúde, mas quanto melhor você cuidar de si e quanto mais saudável estiver seu metabolismo, mais confiáveis serão os sistemas do seu corpo para a desintoxicação, eliminação, queima de gordura, manutenção de um corpo saudável e do equilíbrio hormonal e também na prevenção de doenças.

Alimente e cuide! É isso que desejo a você. Tudo começa com um metabolismo saudável, funcionando perfeitamente. Você está preparado para começar a descobrir como conseguir um?

Parte II

Como funciona o programa

CAPÍTULO 3

RELAXAR (FASE 1), DESTRAVAR (FASE 2) E LIBERAR (FASE 3): TRÊS ETAPAS DIFERENTES, UMA SEMANA PODEROSA

Agora você sabe o que pode dar errado quando faz dieta constantemente ou ingere alimentos sem nutrientes. O que fazer, então? Como consertar a situação?

Quando seu metabolismo não está funcionando direito, precisa do equivalente a um personal trainer para ficar em forma de novo — alguém que possa pegar a matéria-prima (seu corpo) e esculpi-la, transformando-a no corpo dos seus sonhos. Pense em mim como sua personal trainer e na Dieta do Metabolismo Rápido como o seu guia completo de treinamento.

O que eu quero dizer com isso? Se fizer apenas um tipo de exercício, como corrida ou elípticos, seu corpo se acostuma a esses exercícios, e em pouco tempo os resultados deixam de aparecer. Você atinge um patamar. Estará usando os mesmos músculos da mesma maneira todos os dias e ignorando todos os outros músculos do seu corpo. Da mesma forma que o treinamento cruzado mexe com essa rotina e mantém o corpo surpreso, a Dieta do Metabolismo Rápido sacode os hábitos alimentares a partir de dois processos:

1. Inundando você com alguns dos nutrientes vitais que lhe faltam, mas nunca da mesma maneira por mais de dois ou três dias seguidos.
2. Pedindo ao seu corpo para fazer alguma coisa difícil, mas nunca por mais de dois ou três dias seguidos.

Essa estratégia mantém o corpo trabalhando, surpreso, apoiado, e reverte os padrões bioquímicos que desaceleraram seu metabolismo. Para seu corpo, é uma espécie de chamado para a vida e vai acender um fogo que queimará gorduras e calorias como nunca.

Fazer um treinamento cruzado no metabolismo também significa mudar o mapa das refeições (falaremos disso depois) para você nunca cair na rotina ou ficar entediado. Dois dias comendo de um jeito, dois dias comendo de outro, e depois três dias comendo outra mistura de nutrientes completamente diferente: isso estimula o metabolismo, mantém a alimentação interessante e funciona.

Não é um truque. É apenas a maneira de ser da natureza. É um princípio básico da física: um corpo em descanso tende a permanecer em descanso, a menos que algo o obrigue a se mexer. Um corpo em movimento tende a permanecer em movimento, a menos que algo o faça parar. Isso vale para o metabolismo. Uma vez colocado em movimento, é mais fácil mantê-lo em movimento. Você pega o cavalo pela rédea e passeia com ele, para depois levá-lo de volta à baia.

Agora, tudo o que você precisa fazer é aprender a colocá-lo em movimento.

A Dieta do Metabolismo Rápido — três fases distintas, uma semana poderosa

As três fases em resumo
Fase 1 — **Relaxar** o estresse a acalmar as suprarrenais Dias 1 e 2
Fase 2 — **Destravar** a gordura armazenada e formar músculos Dias 3 e 4
Fase 3 — **Liberar** a queima: hormônios, coração e aquecimento Dias 5 a 7

Vamos examinar como as três fases da Dieta do Metabolismo Rápido colocam o corpo em movimento para queimar gordura, fazer músculos, equilibrar os hormônios e estabelecer as bases de um corpo saudável. Nosso corpo precisa de variedade na dieta para ter todos os nutrientes necessários e realizar todas as funções biológicas, fisiológicas e neuroquímicas. É exatamente isso que as três fases da Dieta do Metabolismo Rápido proporcionam. Precisamos de carboidratos complexos, proteína, gordura, açúcares naturais e até sal para manter a química corporal normal. Às vezes precisamos de níveis muito elevados desses elementos, principalmente quando nos privamos deles por muito tempo. A inclusão desses combustíveis, mas não de todos ao mesmo tempo, ajuda a reconstruir, restaurar, enriquecer e reabastecer o corpo esgotado e o metabolismo danificado.

Cada uma das fases dura pouco tempo para que você não esgote nenhum sistema ou parte de você mesmo. Estender cada fase por muito tempo é como fazer a faxina de toda a casa depois de uma noite maldormida; você estará exausto e não fará um bom trabalho. Vamos limpar sua casa (seu corpo), um quarto de cada vez, um pouco de cada vez, até ficar brilhando.

Durante quatro semanas, você seguirá um rodízio de três fases. Cada fase é estrategicamente elaborada para trabalhar e descansar sistemas corporais diferentes, e cada uma tem a chance de trabalhar durante todas as semanas do seu ciclo natural de 28 dias. Ao segmentar o trabalho dessa forma, o corpo receberá toda a atenção, apoio, e as altas expectativas de que necessita, uma fase, ou período de dias, de cada vez.

Quando você passar para a fase seguinte, os sistemas e os órgãos envolvidos na fase anterior começam a relaxar, descansar e se recuperar. Um metabolismo saudável realiza três processos:

1. Pegar a comida e transformá-la em energia.
2. Liberar a gordura armazenada.
3. Transformar a gordura armazenada recém-liberada em energia.

Cada uma dessas fases alcança seus objetivos quando feita na ordem correta.

Antes de converter a comida em energia, você precisa acalmar suas suprarrenais. E é isso que faz a primeira fase programada: relaxar.

Fase 1 — Aliviar o estresse
Guia prático

O básico

Esta é a fase de alta carga glicêmica, proteína moderada e baixo teor de gordura.

Alimentos ricos em carboidratos, como:

Arroz integral	Macarrão de farinha de arroz integral
Arroz selvagem	Tortilhas de arroz integral ou trigo-vermelho
Aveia	Leite de arroz
Quinoa	

Alimentos ricos em açúcares naturais, como:

Manga	Pera
Maçã	Abacaxi
Figo	Morango
Pêssego	Melancia

Alimentos ricos em vitaminas B e C, como:

Carne magra	Laranja
Peru	Goiaba
Aveia	Kiwi
Lentilha	Limão-taiti ou siciliano

Alimentos com quantidade moderada de proteína

Alimentos com baixo teor de gordura

COMO COMER

Você não precisa iniciar a fase 1 em uma segunda-feira, mas acho que essa é a melhor forma de se organizar. A partir da lista de alimentos principais desta fase, você fará:

- Três refeições ricas em carboidratos, com baixo teor de gordura e moderadas em proteínas.
- Dois lanches compostos por frutas.

Seu dia ficará assim:

CAFÉ	LANCHE	ALMOÇO	LANCHE	JANTAR
Grão	Fruta	Grão	Fruta	Grão
Fruta		Proteína		Proteína
		Fruta		Vegetal
		Vegetal		

FASE 1 — EXERCÍCIOS

Faça, durante a fase 1, pelo menos um dia de cardiovascular vigoroso, como corrida, elíptico ou uma aula de ginástica com exercícios aeróbicos. Os exercícios cardiovasculares são muito bons nessa fase rica em carboidratos.

Nessa fase, se você adora carboidratos, terá tudo o que gosta: frutas, macarrão, arroz, biscoitos e torradas. Esses alimentos com alto teor de carboidratos, baixo teor de gordura e proteína moderada nutrem as suprarrenais e acalmam o estresse fisiológico. Eu realmente quero que o corpo se apaixone pela comida durante essa fase, por isso ela é boa, fácil e divertida.

Frutas, doces e grãos integrais estimulam as endorfinas no cérebro e inundam o corpo com nutrientes muito acessíveis, tornando a fase 1 sedutora e estimulante.

Biologicamente, o objetivo dessa fase é realmente inundar o corpo de nutrientes, que estimulam a atividade dos cinco principais elementos da digestão e do metabolismo, a respeito dos quais falamos antes: fígado, suprarrenais, tireoide, hipófise e substâncias do corpo. As suprarrenais são especialmente beneficiadas pelos açúcares naturais, acalmando todo o resto e começando a funcionar melhor. As suprarrenais reagem aos altos e baixos de açúcar no sangue, produzindo hormônios do estresse especializados em armazenar gordura. Mas, quando os níveis de açúcar no sangue ficam mais estáveis (mesmo que elevados em um nível saudável), as suprarrenais se acalmam e começam a metabolizar a gordura de modo mais eficaz. Esse equilíbrio dos açúcares é crucial para o indivíduo que se tornou diabético, resistente à insulina, hipoglicêmico, engordou exageradamente ou tem os triglicérides elevados.

Os alimentos da fase 1 também são ricos em nutrientes que estimulam o metabolismo. Mais especificamente, são ricos em vitaminas B e C. As vitaminas B são encontradas em feijão, carnes e grãos integrais e estimulam a tireoide, acionando o efeito termogênico (queima de gordura) que acelera o metabolismo. Essas vitaminas B são cruciais para o metabolismo de gorduras, proteínas e carboidratos. A vitamina C, presente em frutas como a laranja e o morango, ajuda o corpo a transformar a glicose em energia, um dos principais objetivos dessa fase. Ela ajuda a transportar essa glicose para a mitocôndria — a pequena fornalha de suas células —, para ser decomposta e transformada em energia em vez de ser armazenada como gordura. A abundância de vitaminas B dessa fase também ajuda as suprarrenais a estimularem o metabolismo da gordura e o desenvolvimento de músculos magros.

A fase 1, **Relaxar**, convence o metabolismo delicadamente de que não há uma situação de emergência, que ele pode digerir a comida que você está ingerindo, usar a energia, os nutrientes desse alimento, em vez de armazená-lo como gordura para se proteger de uma fome ou privação futura. Nos dois primeiros dias, estamos reeducando seu corpo a transformar o que você come em energia. Estamos dizendo "Calma, está tudo bem". E, pela maneira como você vai comer nessa fase, seu corpo acreditará. O corpo começará a sentir que realmente está tudo bem. Esse é o primeiro dos três passos desse processo.

É a estimulação das enzimas digestivas que ajuda na realização desse processo durante a fase 1. Quando você inunda seu corpo com tantos nutrientes e tanta energia, ele consegue decompor os alimentos que você consome e liberar os nutrientes desses alimentos. Queremos que a digestão exija o mínimo de esforço possível, e é por isso que os níveis de proteína são moderados e os de gordura muito baixos. A gordura e a proteína são mais difíceis de digerir do que os carboidratos, como grãos e frutas, por isso, mantendo seus níveis baixos, acalmamos e encorajamos o corpo. As enzimas digestivas liberam vitaminas, minerais e fitonutrientes dos alimentos ingeridos, e o metabolismo começa a se recuperar do estado de inanição.

Os alimentos da fase 1 são especialmente planejados para que seu corpo tenha menos trabalho. Você está se livrando daquelas coisas fisicamente estressantes, aqueles trituradores do metabolismo como o trigo, os laticínios e a cafeína, que causam irritação ou inflamação do trato gastrointestinal e podem desacelerar os intestinos e criar resistência à insulina. Essas coisas estão fora do jogo por enquanto. A fase 1 acalmará suas glândulas suprarrenais, reduzindo a liberação dos hormônios do estresse que não deixam você emagrecer. O nível de açúcar no sangue se estabiliza, e o corpo começa a sentir que está fora da zona de perigo.

A fase 1 é gentil com o corpo e com você. Os sabores doces e saudáveis acalmam, tanto física como emocionalmente. Quem vive de dieta, não toca em alimentos desse tipo há meses, ou anos. Está na hora de normalizar. A fase 1 parece normal, não uma dieta.

As pessoas que vivem controlando os carboidratos entram em pânico quando veem a lista de alimentos dessa primeira fase, porque foram ensinadas a acreditar que os carboidratos são ruins. Os carboidratos *não* são ruins, comida *não* é ruim — se for saudável. Frutas, arroz integral, aveia, grãos alternativos como quinoa e amaranto, lentilhas e feijões — são todos muito bons. Os carboidratos que você *não* vai consumir nesta fase são os açúcares refinados, o trigo e o milho. Essas fontes de carboidrato são mais difíceis para seu corpo, e a maioria das pessoas já as ingeriu demais ao longo da vida.

Mas, se você não é daquelas pessoas que vivem controlando os carboidratos e está habituada a consumir muitos açúcares refinados e alimentos processados que não exigem muito trabalho digestivo, seu corpo terá que acelerar o ritmo. Os alimentos ricos em açúcares refinados deixam o pâncreas, as suprarrenais, a tireoide, o fígado e a vesícula preguiçosos. É como se você fizesse seus exercícios em ritmo lento para prestar atenção ao programa da TV, e então o personal trainer lhe mostra outra forma de se exercitar, mais eficiente. Mas não estamos em um campo de treinamento. Estamos falando de um treinamento mais gentil, que o ajudará a condicionar seu organismo de maneira que não canse, pelo contrário, que dará mais energia e resistência.

Trata-se de mimar, nutrir e eliminar velhos padrões. As vitaminas B dessa fase ajudarão a moderar a sensação de pânico natural que seu corpo pode sentir temporariamente ao ser privado dos açúcares refinados e da farinha branca.

O que mais podemos esperar dessa fase? Fim da sensação de fome! Você não vai ingerir açúcar refinado, suco ou frutas secas nessa fase — isso facilitará demais as coisas, permitindo que o metabolismo fique muito preguiçoso. Por outro lado, maçãs e peras suculentas, abacaxi e morango, melão e laranja, vitaminas de frutas, macarrão integral e aveia estão liberados.

Além das frutas e dos grãos integrais, você também comerá proteínas de alta qualidade, como frango e peru orgânicos, e também carne bovina magra, além de ervas e temperos como salsa e coentro, que ajudam a estimular as enzimas digestivas (por isso você estará ingerindo proteína de fácil digestão). Tudo o que você comer será rico em nutrientes, porque esse tipo de alimento exige mais gasto calórico do corpo para a extração dos nutrientes. Isso desperta os órgãos do corpo e as enzimas digestivas e basicamente sinaliza: "Vamos lá, companheiros, temos trabalho a fazer!". Meus pacientes adoram essa fase por causa dos alimentos saudáveis que não dão aquela sensação de dieta. Outro benefício da fase 1 é que os bons carboidratos melhoram seu humor, ajudam com a loucura por açúcar e até suavizam os efeitos da cafeína se você (como eu recomendo) eliminar a cafeína do corpo pelos próximos 28 dias. Os alimentos dessa etapa ajudam a aliviar a sensação de "choque". Assim como a frequência da alimentação: você vai comer cinco, até seis vezes por dia, por isso acostume-se.

Calma, felicidade e abundância — é isso que desejamos na fase 1. Estamos mostrando ao seu corpo que tudo o que ele precisa está prontamente disponível. Estamos extraindo os nutrientes dos alimentos e nutrindo as suprarrenais; e as suprarrenais, felizes e satisfeitas, vão preparar o corpo para a liberação de gordura. Ele não está passando fome. Se você vive fazendo dieta, seu corpo vai encarar este estágio com um grande suspiro de alívio.

Índice glicêmico — o que significa isso?

Você provavelmente já ouviu a expressão "índice glicêmico", por exemplo, para definir alimentos de baixo índice glicêmico ou alimentos de alto índice glicêmico. Está na moda falar do índice glicêmico, mas a maioria das pessoas não sabe exatamente do que se trata. Costumo explicar aos meus pacientes que isso representa a taxa de liberação de açúcar de um alimento. Digamos que você tenha um copo de suco de laranja e um copo de laranja em fatias. É provável que ambos tenham 23 g de açúcar, mas o índice glicêmico, ou IG, do suco de laranja é mais elevado do que o das fatias de laranja, porque o corpo converte o açúcar do suco de laranja em açúcar na corrente sanguínea muito mais depressa do que converte o açúcar das fatias de laranja. A fibra das fatias de laranja desacelera o processo, diminuindo o tempo de absorção.

O problema dos alimentos com índice glicêmico muito alto, como os açúcares transformados em suco ou açúcar de cana, é que são convertidos rápido demais na corrente sanguínea. Quando o corpo recebe muito açúcar de uma vez, isto é, mais do que pode usar como energia e armazenar nos músculos para quando precisar de energia, ele começa a guardar esse açúcar nas células de gordura.

A fase 1 usa alimentos com alta carga glicêmica, mas não com alto IG. Por isso não temos suco, frutas secas ou qualquer tipo de açúcar refinado, nem mesmo frutas com muito teor de açúcar, como uva e banana. Em vez disso, focamos as frutas e os grãos integrais ricos em fibras para manter a ingestão de açúcar a ser transformada em energia, mas não mais do que o corpo pode administrar, para não armazenar mais gordura.

Por que você vai emagrecer na fase 1? Gosto de ilustrar o que acontece no seu corpo da seguinte maneira: imagine que sua melhor amiga lhe pede para organizar a festa de noivado, na sua casa. Ela quer petiscos, bolo, decoração. Você já está cheia de coisas para fazer e não sabe como vai lidar com tudo isso; sabe que precisa dizer "não" ou ficará absolutamente estressada para dar conta.

É mais ou menos o que acontece quando você quer que seu corpo emagreça quando você já está estressada e carente de nutrientes. Seu corpo pode dizer: sinto muito, mas não dá para atender seu pedido. Ou ele pode fazer o que você deseja, mas não vai ficar muito feliz com isso. Você não vai se sentir bem nem parecer que está bem. Será infernal!

Mas imagine que a sua amiga lhe pede para fazer a festa de noivado em sua casa, mas diz: sei que você está ocupada, por isso vou mandar uma equipe fazer uma faxina na casa. Vou contratar um bufê e os garçons para servir. Também vou providenciar uma equipe de limpeza para deixar tudo em ordem depois da festa. Como é que você se sentiria? Nada mal, não é? Na verdade, pode até ser divertido. Você não está acostumada a ter tudo isso. Então, o que acontece quando as equipes chegam e alguém diz: "Ah, não! Esquecemos os garfos! O que vamos fazer?". Você estará se sentindo tão bem, tão energizada que irá até a cozinha com um grande sorriso no rosto e dirá: "Garfos? Sem problema. Posso resolver isso".

É mais ou menos isso que acontece quando você pede ao seu corpo para emagrecer nessa fase. Se você lhe der açúcar natural, carboidratos, fibra e a proteína de que ele precisa para funcionar com facilidade e conforto, então o pedido para queimar gordura não será nada de mais. Seu corpo não está recebendo gordura durante a fase 1? É o que ocorreu com os garfos. Seu corpo ficará feliz em dar alguma gordura para queimar, porque não está enfrentando a inconveniência de uma restrição alimentar. Tem tudo de que precisa para se sentir bem. Queimar gordura? Sem problema. Seu corpo estará recebendo o apoio de que precisa para lidar com a tarefa, por isso a tarefa se torna simples, alegre e fácil.

Quando você faz a Dieta do Metabolismo Rápido, pede ao seu corpo a mesma coisa que pediria se fizesse uma dieta de fome, perda de peso, mas os termos são diferentes, tão diferentes que mudam tudo. A fase 1, porém, tem suas regras. Uma coisa que você não vai dar ao seu corpo durante a fase 1 é muita gordura. Essa não é a hora das amêndoas e abacate. Dando carboidratos e proteínas sem gordura, fazemos com que o corpo comece a metabolizar seus próprios estoques de gordura para encontrar a gordura de que precisa. É aí que entra o trabalho duro do corpo nessa fase, que parece fácil para você, mas é bem difícil para seu corpo. Nós o distraímos com proteínas e carboidratos deliciosos, mas o obrigamos a procurar gordura. Você vai começar a queimar sua própria gordura em vez de seus músculos, porque não vai precisar do que os músculos contêm. Você obterá isso dos alimentos. Com seu corpo se divertindo com açúcar natural, ele nem vai perceber que a queima de gordura começou para valer.

É por isso que iniciamos o programa com essa fase. Inundamos o corpo com nutrientes e fazemos seu sistema dar uma largada que desafia o metabolismo, ao mesmo tempo que o torna deliciosamente indulgente.

COMO É O DIA DURANTE A FASE 1

Nessa fase, você vai levantar de manhã e tomar café até 30 minutos depois de acordar. Comerá um grão e uma fruta, como aveia e frutas vermelhas (nada de frutas oleaginosas e sementes de linhaça, isso fica para a fase 3), ou melão e uma torrada de farinha de arroz integral. Minha assistente adora cereal de arroz integral com pêssegos orgânicos congelados. Também tenho uma paciente que coloca aveia na vitamina de fruta (receita na p. 207).

Três horas depois, você vai comer uma fruta. Pode ser manga ou abacaxi, tangerina ou melão, ou morango.

Três horas depois, almoço: um grão, uma proteína, um legume e uma fruta, todos da lista da fase 1. Pode ser uma tigela de frango com brócolis (p. 214), ou sopa de peru, feijão-branco e couve (p. 212), ou peito de peru fresco, com alface e tomate, pão sem glúten, junto com pêssego, abacaxi grelhado ou maçã assada. E não se esqueça de usar as sobras. Se estiver no segundo dia da fase 1, pode comer as sobras do jantar do dia anterior.

Como lanche da tarde, você precisa de mais uma fruta: talvez uma tangerina ou uma maçã, ou uma pera suculenta.

No jantar, um grão, um legume e uma proteína. Talvez você goste de filé-mignon com brócolis e macarrão de farinha de arroz integral, ou cozido de peru, ou frango com arroz selvagem. Hum! Só de falar nisso já estou com fome.

Fase 1 — Lanches superfáceis

- Maçã
- Laranja
- Manga
- Abacaxi

Para mais sugestões de lanches da fase 1, veja as receitas no capítulo 11.

Então, nos próximos dois dias, estaremos reensinando seu corpo a transformar os alimentos em energia, em vez de armazená-los como gordura. Se você está armazenando gordura onde não quer, logo cuidaremos disso, mas este primeiro passo é para fazer seu corpo começar a queimar o que você está realmente comendo.

E essa é a fase 1! São apenas dois dias, e você se sentirá ótima. É só lembrar: frutas e grãos, proteína magra e quase nenhuma gordura. Esse é o segredo. Entendeu? Ótimo!

Vamos passar à fase 2.

Fase 2 — Destravar a gordura armazenada

Guia prático

O básico

Esta é a fase de muita proteína, muito legume, pouco carboidrato e baixo teor de gordura.

Alimentos que auxiliam a função hepática (para ajudar as células a liberar a gordura), como:

Vegetais folhosos	Cebolas
Brócolis	Alho
Repolho	Limão

Alimentos ricos em proteína magra, como:

Carne bovina magra	Carne de porco magra (lombo)
Búfalo/bisão	Atum
Peru e frango (carne branca)	Peito de peru fresco
Peixes magros, como bacalhau fresco, linguado e tilápia	Carne-seca

Legumes alcalinizantes, de baixo índice glicêmico, como:

Escarola	Todos os tipos de alface
Mostarda em folhas	Rúcula
Couve-manteiga	Agrião
Acelga	

Alimentos produtores de carnitina, como:

Carne bovina	Bacalhau fresco
Frango (carne branca)	Aspargos

Nada de frutas ou grãos

Alimentos com baixo teor de gordura

COMO COMER

Se você começou a fase 1 na segunda-feira, então a fase 2 será sempre na quarta e na quinta-feira. A partir da lista de produtos para esta fase, você fará:

- Três refeições ricas em proteína, pobres em carboidratos e gordura.
- Duas proteínas no lanche.

Veja a lista completa de alimentos no final deste capítulo.
Seu dia ficará assim:

CAFÉ	LANCHE	ALMOÇO	LANCHE	JANTAR
Proteína	Proteína	Proteína	Proteína	Proteína
Vegetal		Vegetal		Vegetal

FASE 2 — EXERCÍCIOS

Faça pelo menos um dia de treinamento de força (levantamento de peso) durante a fase 2. Concentre-se na carga com poucas repetições. O levantamento de peso nessa fase aumentará dramaticamente sua força metabólica. Se não tem certeza de como fazer isso com segurança, peça ajuda na academia ou faça uma aula de ginástica com cargas, do tipo treino funcional.

Os alimentos da fase 2 são completamente diferentes dos da fase 1: levarão seu metabolismo a construir músculo e vasculhar a gordura. São ricos em proteínas magras que o corpo converte em aminoácidos, facilmente convertidos em músculo. As proteínas misturadas com esses vegetais fazem com que seja virtualmente impossível armazenar qualquer alimento como gordura, e, como você acabou de sair da fase 1, em que as suprarrenais foram acalmadas e os níveis de cortisol reduzidos à submissão, seu corpo está preparado para liberar as células de gordura do quadril, da barriga e das coxas. Os aminoácidos também são perfeitos para estimular o fígado e vitalizar o mecanismo de transporte de gordura no corpo, que começa a elevar seu nível metabólico. Você não apenas começa a transformar a comida em combustível, como também começa a transformar a gordura em combustível. Por isso, esforce-se e levante ferro — sua alimentação está começando a fazer efeito.

Esta fase envolve uma alteração profunda da estrutura corporal, transformando a gordura armazenada em combustível a ser transformado em músculo. É tão concentrada e intensa que dura apenas dois dias. Tem tudo a ver com músculos, e não se esqueça de que os músculos detonam as calorias (energia potencial); por isso, quanto mais músculos você tiver, mais gordura vai queimar. Para sustentar e manter os músculos é preciso energia: o relaxamento e a contração constantes dos músculos do corpo requerem combustível. Quanto mais músculos, mais gordura você queima.

Quanto mais músculos você desenvolver com a Dieta do Metabolismo Rápido, mais comida poderá consumir e assim acelerar seu metabolismo. O resultado dessa fase com muita proteína, poucos carboidratos e pouca gordura é embalar os músculos e liberar a gordura armazenada. Na fase 1, você estimulou o corpo a se acalmar e começar a digerir a comida em vez de armazená-la. Agora, você estará comendo para absorver proteína e liberar a gordura.

Os alimentos da fase 2, **Destravar**, liberam e permitem a mobilização da energia acumulada na forma de gordura, de forma que você possa queimá-la como combustível. A proteína magra e a grande quantidade de vegetais dessa fase são essenciais para essa liberação: ajudam a soltar a gordura armazenada, jogando-a na corrente sanguínea. Isso prepara seu corpo para a fase 3, quando ele se concentrará na produção de hormônios para queimar rapidamente toda a gordura liberada. Mas você não pode queimar suas células de gordura até liberá-las para essa queima.

Você percebe como as peças começam a se juntar? Na fase 1, você corrigiu o problema mais urgente: encorajar seu corpo a relaxar para poder começar a queimar a comida que você voltou a comer. Agora você está soltando a gordura. Por fim, você vai queimá-la. Mas só quando estiver pronto. Na fase 2, a gordura fica onde tem que ficar, para estar acessível como combustível.

Para isso, você terá que consumir filé-mignon suíno e filé de linguado, atum e omelete de clara de ovo, bifes e frango, todos os vegetais que puder, como brócolis e espinafre, aspargos e cogumelos, aipo e couve. E não estou falando de meia xícara disso ou daquilo. Estou falando de 4 xícaras de brócolis, um monte de aspargos, um bom punhado de espinafre. Devore esses vegetais porque eles destravam o mágico processo da transformação de proteína em belos músculos.

A proteína magra e os legumes de baixo índice glicêmico durante a fase 2 promovem a retenção e desenvolvimento dos músculos, liberando o peso corporal na forma de gordura. Não se esqueça do que eu disse sobre como o corpo ignora a gordura e canibaliza os próprios músculos em busca de energia quando você não lhe proporciona nutrientes suficientes. A fase 2 garante que isso não aconteça mais.

Essa fase tem uma carga glicêmica bem baixa. Isso significa que não tem alimentos que elevam demais o nível de açúcar no sangue. Depois de todos aqueles grãos e aquelas frutas deliciosas nos dois dias da fase 1, agora você vai na direção oposta. Nos dois dias seguintes, o importante são as proteínas magras das carnes brancas, como frango e peru, peixes brancos, carnes bovina e suína magras, claras de ovos. Você também vai consumir muitos vegetais alcalinizantes, de baixo índice glicêmico, como repolho e pepino, brócolis e couve, alface e espinafre, e ainda vegetais sem amido, como cogumelos, pimentões vermelhos e cebolas.

Os músculos são feitos com aminoácidos, provenientes da quebra da proteína ingerida. O consumo contínuo de proteína de fácil digestão (isto é, com pouca gordura) manterá a formação dos músculos. Isso é crucial na fase 2.

Quanto maior a sua massa muscular, mais rápido será seu metabolismo. É uma equação simples: pouco músculo é sinônimo de metabolismo lento. É por isso que inundamos o corpo com proteínas na fase 2, e é também por isso que reduzimos os carboidratos. Queremos encorajar a formação de músculos e a queima de gordura, em vez de queimar o açúcar dos carboidratos, como fizemos na fase 1. Lembre-se: queremos confundir o corpo para perder peso!

A fase 2 também estimula o fígado de maneira diferente, reabastecendo-o com os nutrientes e os efeitos alcalinizantes dos legumes verdes. Nessa fase focamos os aminoácidos e, especialmente, a promoção da função renal saudável. Os alimentos ricos em proteína e de baixo índice glicêmico da fase 2 são bons para o fígado, responsável por mais de 600 funções metabólicas, incluindo a transformação de todos os nutrientes consumidos para uma forma bioativa, facilmente disponível para o corpo utilizar. O fígado é o que estimula seu corpo a liberar as células de gordura, o que é essencial para esse processo, por isso siga corretamente a lista de alimentos da fase 2. Eles são concebidos especialmente para estimular o fígado, decompondo as proteínas em aminoácidos e transformando-as em compostos como a carnitina.

Nós já falamos da carnitina. É um desses nutrientes que ajudam o corpo a liberar a gordura armazenada e jogá-la na corrente sanguínea para que seja metabolizada e transformada em energia. É o composto que libera as células de gordura a serem entregues diretamente à mitocôndria nas células. Lá são realizados entre 80% e 90% da ação do seu metabolismo, nessa minúscula parte da célula. O consumo de alimentos que estimulam essa transformação da proteína em aminoácidos, e depois em carnitina, ativa essas fornalhas de gordura. Quando colocamos a gordura na fornalha, ela queima.

Momento científico

Por que os vegetais alcalinizantes são tão importantes? Porque, para funcionar de maneira saudável, o corpo precisa manter um pH específico. Isso significa que a quantidade de ácido na sua corrente sanguínea precisa ser mantida em certo nível para o bom funcionamento do corpo. Esse pH pode ser afetado pelo que você come.

Alguns alimentos, como a carne, tendem a estimular a produção de ácido, porque é preciso mais ácido para decompor e digerir a carne. As dietas que se concentram em grandes quantidades de carne sem acrescentar muitos vegetais alcalinizantes podem deixar o organismo ácido demais, levando-o a um estado de cetoacidose. Nessa situação, você pode hipermobilizar a gordura, mas a um custo muito alto. Muitas pessoas com esse tipo de dieta tornam-se resistentes aos carboidratos, com predisposição para o ganho de peso ao se desviarem desse modo de comer. Também é difícil para os rins, aumenta os hormônios do estresse e a inflamação sistêmica.

Uma dieta rica em proteínas sem os vegetais também desacelera o metabolismo tremendamente, deixando você em uma situação ainda pior. Assim que parar com a dieta só de proteínas, você pode engordar 18 quilos. Já vi isso acontecer muitas vezes. Se você fez uma dieta desse tipo, seu corpo provavelmente precisa de um bom reparo. Se você já foi um fisiculturista no passado, também entende o perigo que representa para os músculos um organismo muito ácido — ocorre um acúmulo de ácido lático, e o corpo não consegue formar uma musculatura eficiente.

A magia da fase 2 é que ela combina alto teor de proteína com grandes quantidades de legumes verdes, que são alcalinizantes. O grande número de vegetais da fase 2 é fundamental para evitar que o corpo adquira essa acidez indesejada. Os vegetais também estimulam as enzimas digestivas que elevam a taxa de queima de gordura. A maioria dos vegetais é alcalinizante, mas os legumes verdes de baixo índice glicêmico costumam ser os mais alcalinizantes. É por isso que certas dietas que incluem sucos e vitaminas verdes se anunciam como dietas alcalinas.

Os legumes verdes fazem coisas maravilhosas quando você aumenta o seu consumo de proteína de carne, por isso capriche para manter o pH do seu corpo e tudo o mais funcionando perfeitamente. Pense assim: a proteína é a lenha, e os legumes verdes são os gravetos. É difícil fazer a lenha pegar fogo, mas, se você colocar os gravetos, o fogo começa a arder rapidamente. Junte proteína e legumes verdes alcalinizantes, e seu metabolismo pegará fogo.

Os alimentos da fase 2 estimulam a vesícula biliar, que decompõe as gorduras, e o pâncreas, que decompõe as proteínas (ele também produz a insulina que regula os açúcares do sangue, por isso foi bem alimentado na fase 1). A fase 2 também prepara esses dois órgãos essenciais para a produção de enzimas digestivas específicas necessárias na fase 3 para acelerar o metabolismo. Está vendo como tudo faz parte de um grande treinamento metabólico e por que esse treinamento do metabolismo permitirá que você use a comida para perder peso?

A fase 2 também inunda o corpo com vitamina C, que tonifica e fortalece as suprarrenais que você nutriu na fase 1. Quanto mais fortes estiverem as suprarrenais, menos reativas elas serão nos momentos de estresse. A fase 2 ajuda a deixar o corpo à prova de estresse, fortalecendo você física, hormonal e emocionalmente.

Além disso, os vegetais amargos proporcionam muitos nutrientes para a tireoide, como taurina e iodo, para facilitar a produção de hormônios tireoidianos, necessários na fase 3. E, como você continua a ingerir pouca gordura, o corpo continuará se vasculhando para encontrar gordura para queimar.

Durante essa fase, seu corpo forma mais massa muscular com a proteína que você está ingerindo. Mas essa proteína não é o único construtor termogênico do corpo — também há os legumes verdes alcalinizantes que você estará consumindo nesses dois dias.

Agora seu corpo está perfeitamente preparado para digerir toda essa proteína, principalmente porque já fizemos cócegas nas suas enzimas digestivas durante a fase 1. E as enzimas digestivas estimuladas por todos os legumes da fase 2 vão realçar ainda mais dramaticamente esse efeito digestivo. Agora podemos realmente extrapolar com a proteína, mas, como ainda estamos mantendo o teor de gordura, sua digestão enfrentará desafios ainda maiores do que na fase 1. Uau, isso sim é o que se pode chamar de malhação metabólica! Mas lembre-se, é apenas por dois dias. Depois passaremos à fase seguinte, para acalmar e restaurar.

Estamos construindo, gradualmente, um estoque das capacidades do seu corpo com a ajuda dos fitonutrientes desses legumes com baixo índice glicêmico. As verduras de folhas verdes, além de alcalinizantes, são ricas em nitrogênio, essencial para a formação dos músculos. O nitrogênio também ajuda o corpo a decompor toda aquela proteína em aminoácidos, que promoverão a retenção e o desenvolvimento dos músculos.

Toda a proteína ingerida será facilmente absorvida pelo corpo. A fase 2 transforma literalmente a composição do seu corpo: faz músculos onde eles são necessários e queima gordura onde ela não é necessária, transformando a matéria-prima e criando um belo templo, que é você.

Meus pacientes que adoram carne realmente gostam dessa fase, e os que antes consumiam pouco carboidrato também ficam à vontade. Se você adora um bife com salada no jantar, ou filé-mignon suíno com brócolis, ou um filé de linguado com aspargos, vai amar esta fase. É bem provável que não sinta falta alguma dos carboidratos consumidos em abundância na fase 1. E lembre-se: a fase 2 dura apenas dois dias. Esses dois dias vão passar voando quando você pensar em quanta gordura estará eliminando e em quantos músculos estará formando.

COMO É O DIA DURANTE A FASE 2

Na fase 2, você vai levantar de manhã e tomar café até 30 minutos depois de acordar. Comerá uma proteína magra e um legume, como uma omelete de clara de ovo com espinafre, ou peito de peru com folhas de alface.

Duas ou três horas depois, você fará um lanche com proteína. Pode acrescentar vegetais se desejar. Pode escolher carne-seca magra, ou rosbife com fatias de pepino, ou algumas fatias de frango.

O almoço consistirá de outra proteína com legume. Pode ser frango grelhado e salada de alface e muitos legumes da lista de alimento da fase 2, ou pimentão vermelho recheado com salada de atum (p. 223). E não se esqueça de que também pode comer as sobras de qualquer jantar da fase 2.

Para o lanche da tarde você precisa de mais proteína, talvez mais carne-seca, ou as claras de três ovos cozidos, ou atum no aipo.

No jantar, outra vez proteína e legumes. Talvez você goste de linguado grelhado com brócolis (p. 231), peito de frango com aspargos, ou lombo suíno com pimenta vermelha (p. 234) e espinafre cozido no vapor. Se não estiver acostumado a ingerir pouco carboidrato, a fase 2 pode parecer espartana, mas lembre-se de que dura apenas dois dias e lhe proporciona coisas ótimas! Além disso, pode ser mais fácil do que você, porque as refeições com pouco carboidrato tendem a inibir o apetite, desde que você não as mantenha por muito tempo.

Fase 2 — Lanches superfáceis
• Peru • Atum enlatado em água • Salmão defumado e pepino • Claras de ovos cozidos Para mais lanches da fase 2, veja as receitas do capítulo 11.

E SE VOCÊ NÃO GOSTA DE DIETAS COM POUCO CARBOIDRATO?

E se você não gostou nada deste estágio? A fase 2 pode parecer difícil se você adora frutas, carboidratos ou o mingau de aveia matinal, mas são apenas dois dias, que trarão grandes resultados. Tudo o que você comeu na fase 1 vai sustentar seus esforços na fase 2. Como eu disse, são apenas dois dias. Você não precisa ficar superfeliz com a fase 2. Tudo bem. Estamos tratando da restauração do seu metabolismo, não precisa ser um parque de diversões o tempo todo. Se você ficar muito irritado, desconte levantando peso. Deixe toda a irritação na academia e sinta a queima enquanto esculpe seu corpo.

Pense assim: você precisará sair de sua zona de conforto, mas o resultado valerá a pena. Agora vem a fase 3, e você vai adorar essa parte!

Fase 3 — Liberar a queima — hormônios, coração e aquecimento
Guia prático

O básico

Esta é a fase dos alimentos ricos em gordura saudável, moderados em carboidratos e proteínas e das frutas com baixo índice glicêmico.

Alimentos ricos em gordura saudável, como:

Frutas oleaginosas e sementes	Azeitonas
Abacate	Azeite
Coco	

Alimentos ricos em proteína gorda em quantidades moderadas, como:

Salmão	Sementes de linhaça
Pasta de castanha de caju	Grão-de-bico (e homus)

Frutas com baixo índice glicêmico, como:

Amora	Pitanga
Framboesa	Grapefruit
Mirtilo	Limão-taiti e siciliano

Vegetais com baixo índice glicêmico, como:

Alcachofra	Berinjela
Aspargos	Espinafre
Couve-flor	Alho-poró
Vagens	Rabanete
Batata-doce	

Quantidades moderadas de carboidratos não refinados, como:

Cevada	Quinoa
Arroz selvagem	Grãos germinados
Aveia	Pasta de quinoa

Alimentos estimulantes da tireoide, como:

Alga marinha	Camarão
Óleo de coco	Lagosta

Alimentos ricos em inositol e colina, como:

Leguminosas (feijão-preto, grão-de-bico, feijão-branco e lentilha)	Frutas secas e sementes
Couve-de-bruxelas	Fígado de boi e de frango

COMO COMER

Se você começou a fase 1 na segunda-feira, então a fase 3 será sempre na sexta-feira, sábado e domingo. A partir da lista de alimentos principais desta fase, você fará:

- Três refeições.
- Dois lanches com gorduras saudáveis.

Veja a lista completa de alimentos no final deste capítulo.
Seu dia ficará assim:

CAFÉ	LANCHE	ALMOÇO	LANCHE	JANTAR
Fruta	Vegetal	Gordura/ Proteína	Vegetal	Gordura/ Proteína
Gordura/ Proteína	Gordura/ Proteína	Vegetal	Gordura/ Proteína	Vegetal
Grão		Fruta		Opcional: Grão/ Amido
Vegetal				

FASE 3 — EXERCÍCIOS

Faça atividade em pelo menos um dia para reduzir o estresse, como ioga ou respiração profunda, ou uma massagem. Sim, a massagem conta! Não é uma atividade em si, mas aumenta o fluxo sanguíneo nas áreas do corpo com mais gordura, reduz o cortisol e realiza o trabalho que desejamos nessa fase.

A fase 3 é excitante, deliciosa e poderosa — é a fase em que liberamos todo o potencial de um metabolismo amarrado e em que focamos o que gosto de chamar de "termogênico triplo": hormônios, coração e calor. Esses três elementos são responsáveis por acionar o aquecimento metabólico do corpo e realmente impulsionar a queima. Nesta fase, depois de quatro dias comendo pouca gordura, você trará a gordura de volta. Agora seu corpo está preparado para ela. Suas enzimas digestivas estão a mil, seus músculos estão bombeados, seu corpo está nutrido, e agora, quando você realmente precisa delas, entram as gorduras saudáveis para o coração, acionando os mecanismos da gordura para combustível. Você começa a queimar a gordura que está ingerindo, assim como toda a gordura destravada na fase 2. A fase 3 tem alto teor de gordura, proteína e carboidrato moderados e frutas de baixo índice glicêmico.

Na fase 3 você vai começar realmente a ver algumas mudanças. Esta é a fase que achata a barriga e elimina a celulite, que muda sua aparência e gera curiosidade nas pessoas: "Nossa, você emagreceu?". "É claro", você vai poder responder. Esta fase tem tudo a ver com calor e é o estágio do plano que deixa seu corpo incrível.

A fase 3 é diferente das duas primeiras porque dura três dias, e não dois. Pode ser a fase mais crítica da Dieta do Metabolismo Rápido, mas não poderia existir sem a fase 1 e a fase 2, que sedimentam o caminho.

Durante a semana você manteve o consumo de gordura bem baixo, enquanto impregnava seu corpo com os nutrientes de fontes de carboidrato específicas, muitos vegetais e proteína de qualidade. Na ausência de gordura alimentar e com muita nutrição, seu corpo está queimando a gordura corporal. E fazendo músculos. Mas no quinto dia da semana seu corpo começará a ficar desconfiado: "Espere um pouco. Não tem entrado muita gordura. Será que é melhor armazenar um pouco?".

"Pelo contrário!", é o que diz a fase 3. "Não precisa se preocupar. Você terá muita gordura saudável, deliciosa, maravilhosa!"

Embora a fase 3 tenha bastante gordura, não é uma gordura qualquer. Nada de frituras ou pedaços de queijo, por favor. Esta etapa tem foco em gorduras saudáveis, como a do abacate e de frutas oleaginosas e sementes, assim como a do azeite de oliva e a do óleo de gergelim.

Coma dessa maneira e veja o que acontece. Na fase 2, os nutrientes de todos os vegetais ajudaram a restaurar e reabastecer os órgãos e as glândulas responsáveis pela queima de gordura. A vesícula biliar, em especial, preparada pelo pâncreas, agora sabe como botar fogo nessa gordura como ninguém. Assim como precisa de dinheiro para fazer dinheiro, você precisa comer gordura para queimar gordura. E é exatamente isso que acontece na fase 3.

A energia liberada com a decomposição das células de gordura é realmente profunda. É dinheiro escondido no cofre debaixo da sua cama sob o concreto, mas a Dieta do Metabolismo Rápido é sua picareta, e quando você conseguir quebrá-lo, terá benefícios fenomenais para sua saúde, não só na prevenção de doenças mas em relação ao bem-estar. As pessoas se queixam, reclamam da gordura na barriga, no quadril, no queixo. Eu digo: que bom para você! Você tem o que queimar e todos os benefícios para colher.

Quando você começa a proporcionar ao seu corpo toda essa gordura boa, depois de todo o trabalho que seu corpo realizou para encontrar gordura para metabolizar em seu próprio corpo, ele merece

Momento científico

Não negligencie sua porção de vegetais no café da manhã durante a fase 3. Ela é muito importante. Os vegetais contêm celulose, e quando você consume muita celulose seu corpo produz muitas enzimas proteolíticas para transformar tudo em componentes digeríveis e utilizáveis. Quando consumimos muita gordura, também queremos que ela seja decomposta e convertida em energia. Você não pode ter consumo e liberação de gordura sem essa decomposição, se quiser que a gordura saia do seu corpo. Esta fase não estará completa sem a decomposição, e a decomposição é facilitada pelos vegetais.

Lembre-se de que, como a fase 1, a fase 3 pode ser enganadora por causar grande bem-estar. Mas você ainda está fazendo muito trabalho interno. Você fica satisfeito fazendo isso porque tem todos esses hormônios do bem-estar percorrendo seu cérebro, fazendo com que se sinta contente e satisfeito, mas ainda há muito trabalho para limpar toda essa gordura superficial e digeri-la. É preciso muita energia, e energia requer comida. Eu já disse que as calorias que entram não são as mesmas que saem, e isso vale mais do que nunca na fase 3, mas isso não vai funcionar se você não estiver comendo seus vegetais. Inclusive no café da manhã.

um descanso. Você inunda seu corpo com gordura alimentar, e ele fica contente. E então começa a queimar a própria gordura, junto com a gordura que você está ingerindo! A gordura alimentar fácil de decompor ajuda a liberar enzimas da vesícula que derretem a gordura e depois atacam suas reservas de gordura, arrancando-as e atirando-as na fornalha metafórica. Ironicamente, ingerir gordura depois de ficar sem comer gordura por alguns dias faz com que você comece a queimar gordura loucamente. Esse é um exemplo clássico de como, ao acalmar os hormônios do estresse, soltar a gordura armazenada e liberar os hormônios que queimam gordura, você mantém o metabolismo conjecturando. É exatamente por isso que o método "confundir para perder" é tão eficiente.

Esta fase é intensa e poderosa. As gorduras boas e saudáveis alimentam seu cérebro e o apetite sexual, sua tireoide e também as suprarrenais. Tudo começa a funcionar como uma máquina bem azeitada. Como gordura contém mais energia do que carboidratos ou proteína, você pode sentir um aumento de energia nessa fase. O fluxo sanguíneo aumenta, e seu metabolismo queima ainda mais. Na fase 3, duas coisas interessantes acontecem ao mesmo tempo: a intensidade da queima de gordura e o maravilhoso efeito calmante proporcionado pelo consumo de gordura.

Assim como a ioga, que reduz os hormônios do estresse, a fase 3 proporciona os nutrientes de que o corpo precisa para gerar hormônios antiestresse.

Mas toda essa queima de gordura e produção de hormônios requer muito trabalho. Causa uma sensação de bem-estar, mas também é intensa. Parte da intensidade dessa fase se deve ao fato de seu corpo estar eliminando uma grande quantidade de toxinas armazenadas nas gorduras que agora estão sendo eliminadas. Por isso é extremamente importante beber muita água, principalmente agora, e manter os intestinos funcionando. Podemos pensar até em uma sauna durante a fase 3, para ajudar a eliminar toxinas através do suor. É muito importante e vital manter tudo em funcionamento. Essa liberação de toxinas contribui para a aparência mais magra porque, com a eliminação das toxinas, você se livra também do inchaço, da inflamação e até da celulite. Mas, se você não liberar as toxinas e o excesso de gordura, eles serão reabsorvidos pelo corpo. Você vai tirar gordura do lado direito do quadril e colocá-la no lado esquerdo. Vai tirar a celulite da barriga e colocar no traseiro. Não é isso que queremos que aconteça. Queremos eliminar tudo isso.

Imagine essa gordura na sua corrente sanguínea (você a soltou das células de gordura na fase 2) começando a evaporar. Os hormônios da fase 3 ajudam a transformar essa gordura em substâncias solúveis na água que são facilmente decompostas na mitocôndria para obtenção de energia e também podem ser facilmente excretadas no suor, na urina e no sangue. Está tudo derretendo, e você está ótimo!

Se a concentração de toxina for muito densa, seus rins enviarão um alerta vermelho para o hipotálamo, suprarrenais, hipófise e tireoide para desacelerar de novo. É a última coisa que desejamos durante esse processo de liberação, por isso é fundamental ter água suficiente a bordo. A água ajuda a diluir as toxinas de forma que o processo de excreção não cause muito estresse.

Mas você quase não vai perceber a intensidade fisiológica da fase 3 (principalmente se ingerir uma quantidade suficiente de água), porque estará muito ocupada apreciando os deliciosos alimentos gordos dessa fase, como abacate e salmão, pasta de castanhas de caju e oleaginosas. Você pode usar óleo de gergelim para cozinhar, regar a salada com azeite e comer seus vegetais com pasta de grão-de-bico (homus) ou guacamole. É tudo tão delicioso, gordo e decadente — e tão bom para você!

Durante a fase 3, você focará nutrientes específicos para estimular o metabolismo a trabalhar mais depressa para tirar a gordura da sua corrente sanguínea. Os alimentos da fase 3 são ricos em inositol e colina, fundamentais para metabolizar a gordura e impedir que fique presa no fígado. Esses nutrientes, encontrados em grande quantidade na gemas de ovo, oleaginosas e sementes, funcionam como goleiros diante das gorduras liberadas. Eles impedem sua reabsorção e ajudam em sua eliminação, para que não fiquem armazenadas em outro lugar.

Também podemos comer peixes gordos nessa fase, o que reduz os níveis de cortisol e ajuda a promover o equilíbrio hormonal da tireoide e das glândulas suprarrenais. O abacate é outra estrela da fase 3 e contém pouco carboidrato, e a maior parte dele é um tipo de carboidrato fibroso que ajuda a equilibrar o açúcar do sangue, reduzir a resistência à insulina e faz o metabolismo pegar fogo. Há ainda outro nutriente encontrado nas oleaginosas e nas sementes cruas que retarda o esvaziamento gástrico. Nós o chamamos de "gorduras da saciedade". Quanto mais tempo seu estômago demora para esvaziar, tanto melhores as chances de essa refeição estimular o hipotálamo e a hipófise, sinalizando que seu corpo está cheio e satisfeito. Os alimentos da fase 3 também produzem endorfinas, aqueles hormônios do bem-estar que avisam que você já comeu o suficiente e não precisa comer mais.

As gorduras do azeite provocam um aumento dramático na oxidação da gordura ou queima de gordura no corpo, estimulando principalmente a queima da gordura marrom, o que ajuda seu corpo a queimar ainda mais gordura como combustível. Na verdade, assim que você coloca um pedaço de abacate ou pasta de castanha de caju na boca e começa a mastigar, sua hipófise começará a liberar hormônios que ajudam a decompor a gordura.

A fase 3 também contém muita lisina, aminoácido que contribui para aquele efeito de embalagem a vácuo, deixando as áreas com celulite lisinhas e os músculos mais definidos. Esse é um truque antigo: antes de uma apresentação, os cavalos recebem uma suplementação de lisina para acentuar a definição dos músculos. Você também pode tirar proveito da lisina, que age principalmente sobre a celulite e a gordura superficial. Uma de minhas pacientes disse que perdeu 13 quilos fazendo uma dieta e as pessoas perguntavam: "Você cortou o cabelo?". Mas, quando perdeu os primeiros 4 quilos com esta dieta, as pessoas diziam: "Você está incrível! Quantos quilos emagreceu?". Isso é efeito da lisina.

Você consumirá muita lisina para ajudar a eliminar a manta de gordura que cobre todos os músculos que você está formando, principalmente com avelãs e amêndoas, sementes de abóbora e gergelim, manteigas e pastas de oleaginosas (em especial pasta de gergelim e tahine), coco, gema de ovo e abacate.

Apesar de haver muita gordura na fase 3, não pense que pode comer tudo nesses três dias. Esta também é a fase do índice glicêmico mais baixo, e por um motivo muito importante: não é apenas a fase 1 acrescida de gordura. Na fase 1, temos muitos alimentos com alto índice de açúcar natural que são fáceis de digerir. A gordura é a coisa mais difícil de decompor, requerendo o máximo de energia do corpo; por isso, se elevarmos demais o consumo de açúcar na fase 3, o corpo estará sem condições de queimar esse açúcar e não queimará a gordura.

É por esse motivo que os alimentos com baixo índice glicêmico são essenciais na fase 3. Você precisa salpicar um pouco de carboidrato para manter a energia, mas sem exagero, para não interferir na queima de gordura. Por isso, não é o melhor momento para exagerar nas frutas e no amido. Você vai reparar que na tabela de refeições há um grão e uma fruta no café da manhã, fruta no almoço e um grão opcional no jantar, mas os lanches não têm fruta nem grão, e o almoço não inclui nenhum grão. É muito importante que isso seja obedecido nessa fase, para que a mágica da queima de gordura possa acontecer. Os carboidratos da fase 3 servem apenas para provocar o metabolismo rápido.

Fatos do metabolismo

Todas as fases da Dieta do Metabolismo Rápido nutrem o coração de alguma forma. Os cardiologistas de uma das clínicas onde trabalho acham que faço milagres. Mas nós sabemos a verdade: são apenas as três fases funcionando. Veja bem: o coração é feito de tecido muscular liso, como seus bíceps e tríceps. Como qualquer outro músculo, o funcionamento do coração depende da capacidade do músculo de relaxar e contrair; por isso, na fase 2, com toda aquela proteína, você ajudou a desenvolver e reparar o músculo cardíaco. Na terceira fase, você dá a ele os ácidos graxos ômega 3, uma gordura boa para o coração (presente no peixe, frutas oleaginosas e azeite) que mantém as coisas em perfeito funcionamento. Quando você voltar para a fase 1 na segunda, terceira e quarta semanas, perceberá como ficou muito mais fácil fazer os exercícios cardiovasculares. Nós só fazemos atividade cardiovascular em dois dias da semana, mas isso é tudo de que você precisa com a Dieta do Metabolismo Rápido. Todas as fases ajudam o coração. Por isso, no final dos 28 dias, você não apenas estará mais magro e mais saudável, como seu coração também estará muito melhor.

Apesar da sensação de bem-estar, essa fase é intensa para o corpo, embora você esteja adorando a comida; por isso ela dura três dias e ponto. Fazemos uma pausa e voltamos aos carboidratos no começo da outra semana. Você realmente tira proveito dessa fase, mas não fica por mais de três dias porque temos trabalho a fazer.

Agradeça ao estofamento extra no seu traseiro, nas coxas e na barriga porque está ajudando seu corpo a lembrar-se do que precisa fazer. Sua gordura é um instrumento de ensino! E ao queimá-la seu corpo aprende, e lembra, de forma que ao terminar a dieta você continuará queimando a gordura que consome e usando a gordura armazenada como combustível — seu metabolismo funcionará da maneira que precisa funcionar. E você vai deixar de armazenar mais gordura do que precisa.

COMO É O DIA DURANTE A FASE 3

Na fase 3, você vai levantar de manhã e tomar café até 30 minutos depois de acordar. Vai comer uma gordura saudável, uma proteína, fruta, grão e vegetal, todos da lista de alimentos da fase 3 (p. 98). Pode ser uma omelete (use os ovos inteiros nesta fase) com espinafre, tomate e cogumelos com torrada de grãos germinados; ou uma tigela de aveia com amêndoas, pêssego e leite de amêndoa, mais algumas fatias de pepino ou aipo com suco de limão e sal.

Fase 3 — Lanches superfáceis

- Aipo e pasta de castanhas de caju
- Oleaginosas e sementes
- Abacate
- Homus e pepino
- Guacamole

Para mais sugestões de lanches, veja as receitas do capítulo 11.

É fácil incluir vegetais quando você está comendo ovos, porém mesmo quando come aveia e torrada você deve acrescentar o vegetal. Isso ajudará a manter a liberação de gordura e a melhorar a digestão saudável das gorduras. Os vegetais têm muitas enzimas que ajudam nesse processo, e você vai precisar delas! Queremos que todas as células de gordura embarquem no vagão das enzimas para produzir hormônios, músculos e energia.

No lanche, você pode comer uma xícara de homus com vegetais, e no almoço um wrap de alface com peru e abacate (p. 245) ou uma grande salada verde com peito de frango e muitos vegetais da fase 3 temperados com azeite ou com os molhos dessa fase (p. 244). Você também pode aquecer algumas sobras de um jantar da fase 3, mas lembre-se de descartar os grãos. E o jantar pode ser um refogado de camarão (p. 253) ou cozido mexicano com abacate (p. 251).

Às vezes meus pacientes ficam confusos sobre a melhor maneira de incluir gordura nas refeições. Eu digo: à vontade! Por exemplo, uma paciente perguntou se, ao fazer refogado, poderia também colocar abacate na salada. Minha resposta é simplesmente: sim! Como você está consumindo apenas gorduras saudáveis, quero que consuma à vontade. Coma o refogado, o abacate e até a salada com azeite. Passe os vegetais em um homus cremoso ou guacamole. Passe a pasta de castanhas de caju no aipo. Isso tudo é muito bom. E é só por três dias. A gordura ingerida amplia o processo termogênico. Desde que você se limite aos alimentos da lista no final deste capítulo e às tabelas de refeições, está tudo ótimo.

A seguir... as regras do caminho.

Fase 1: Lista de alimentos
(prefira os orgânicos sempre que possível)

Vegetais (frescos, congelados ou enlatados)

Abóbora
Abobrinha
Aipo, incluindo as folhas
Alface (todas, menos a americana)
Alho-poró
Araruta
Batata-doce/inhame
Berinjela
Beterraba
Brócolis
Broto de feijão
Broto de alfafa
Broto de bambu
Cebola branca e roxa
Cenoura
Mandioquinha
Cogumelos
Escarola
Couve-manteiga
Ervilha-torta
Espinafre
Nabo
Pepino
Pimenta-verde
Pimentão
Repolho (todos os tipos)
Rúcula
Tomate
Vagens

Frutas (secas ou congeladas)

Abacaxi
Cereja
Damasco
Figo
Laranjinha kinkan
Frutas vermelhas:
  amora, mirtilo, framboesa
Goiaba
Grapefruit
Kiwi
Laranja
Limão-taiti ou siciliano
Maçã
Mamão
Manga
Melancia
Melão
Melão-cantalupe
Morango
Pera
Pera asiática
Pêssego
Romã
Tangerina

Proteína animal

Atum sólido, em água
Carne bovina magra
Carne de búfalo
Carnes processadas:
  frango, peru, rosbife
Filé-mignon suíno
Lombo suíno
Frango sem osso e sem pele
Hadoque (filé)
Linguado (filé)
Linguiça de peru ou frango
Ovos (apenas as claras)
Peru (peito congelado
  ou fresco)
Sardinha (natural)

Proteína vegetal

Favas
Feijão-azuqui,
  feijão-branco, feijão-carioca,
  feijão-fradinho, feijão-jalo,
  feijão-de-lima, feijão-preto
Grão-de-bico
Lentilha
Soja verde (edamame)

Caldos, ervas, especiarias e condimentos

Adoçante (stevia)
Alho fresco
Caldos de carne, galinha e legumes*
Chás de ervas sem cafeína
Ervas frescas (todos os tipos)
Ervas secas (todos os tipos)
Extrato de baunilha ou hortelã
Extrato de tomate
Gengibre natural
Levedo de cerveja
Noz-moscada
Mostarda (preparada, natural)
Óleo de coco
Raiz-forte preparada
Picles sem açúcar
Temperos: cacau em pó, canela, cominho, cúrcuma, curry, noz-moscada, pimenta-do-reino branca e preta, pimenta vermelha moída, sal com cebola, sal marinho, temperos orgânicos
Tamari (molho de soja)
Vinagre (todos os tipos)
Vinagrete

* Se possível, todos os caldos devem ser livres de conservantes ou aditivos.

Grãos e amidos

Amaranto
Araruta
Arroz integral (arroz, cereal, biscoitos, farinha, macarrão, tortilhas)
Arroz selvagem
Aveia laminada
Cevada
Trigo-vermelho
Farinha de oleaginosas
Grãos germinados (pães)
Leite de arroz
Painço
Queijo ou leite de arroz integral
Quinoa
Tapioca
Grão de teff (tipo de cereal)
Trigo khorsan (kamut)
Trigo-sarraceno
Triticale

Gorduras saudáveis

Nenhuma nesta fase

Fase 2: Lista de alimentos
(prefira os orgânicos sempre que possível)

Vegetais (frescos, congelados ou enlatados)

Acelga
Agrião
Aipo
Alface (todas, menos a americana)
Alho-poró
Araruta
Aspargos
Brócolis
Cebola branca e roxa
Cebolinha verde
Cogumelos
Couve
Couve-manteiga
Endívia
Espinafre
Erva-doce
Mostarda (folhas)
Nabo
Pepino (todos os tipos)
Pimenta-verde, jalapeña
Pimentão
Repolho (todos os tipos)
Vagens
Rúcula

Frutas (secas ou congeladas)

Limão siciliano
Limão-taiti

Proteína animal

Atum sólido, em água
Carne bovina, cortes magros (filé-mignon, alcatra, contrafilé, lagarto, carne moída magra)
Carne de búfalo
Carne de porco (filé-mignon)
Carne-seca
Cordeiro (cortes magros)
Filé de linguado
Filé de pescada e qualquer peixe de carne branca
Filé de tilápia
Frango sem osso e sem pele
Ostras, em água
Peru (filé de peito congelado ou fresco)
Salmão defumado
Sardinha em molho de tomate

Proteína vegetal e amidos

Nenhuma nesta fase

Caldos, ervas, especiarias e condimentos

- Alho
- Caldos (de carne, galinha e legumes)
- Chás de ervas sem cafeína
- Ervas frescas (todos os tipos)
- Ervas secas (todos os tipos)
- Gengibre
- Levedo de cerveja
- Mostarda
- Picles sem açúcar
- Raiz-forte

Fase 3: Lista de alimentos

(prefira os orgânicos sempre que possível)

Vegetais (frescos, congelados ou enlatados)

- Abacate
- Abóbora
- Abobrinha
- Alface (todas, menos a americana)
- Acelga-japonesa (ou couve-japonesa)
- Agrião
- Aipo
- Alcachofra
- Araruta
- Alho-poró
- Azeitonas
- Aspargos
- Batata-doce
- Berinjela
- Beterraba (raiz e folhas)
- Brotos
- Brotos de feijão
- Cebola
- Cebolinha verde
- Cenoura
- Chicória
- Cogumelos
- Couve
- Couve-de-bruxelas

Couve-flor
Endívia
Espinafre
Erva-doce
Inhame
Pepino
Pimenta-verde
Pimentão
Quiabo
Rabanete
Repolho (todos os tipos)
Tomate
Rabanete

Frutas (frescas ou congeladas)

Ameixa
Amora
Cereja
Coco, água de coco, leite de coco
Framboesa
Grapefruit
Limão
Mirtilo
Pêssego
Pitanga

Proteína animal

Arenque
Arraia
Atum, em água ou azeite
Camarão
Caranguejo (carne)
Carne bovina (filé, moída magra)
Coelho
Cordeiro
Faisão
Fígado
Frango sem osso e sem pele
Lagosta
Linguado (filé)
Linguiça (de frango e peru)
Lula
Ostras
Ovos
Peru
Robalo (filé)
Salmão fresco, congelado ou defumado
Sardinha em azeite
Truta
Vieiras

Proteína vegetal

Amêndoas (grãos ou derivados, leite vegetal, queijo ou farinha não adoçado)
Castanha de caju (fruta ou pasta)
Grão-de-bico
Feijão (azuqui, branco, carioca, jalo, preto, feijão-de-lima)
Lentilha

Grãos

Arroz selvagem
Aveia
Cevada, preta ou branca
Grãos germinados (pães)
Quinoa

Caldos, ervas, especiarias, condimentos e suplementos

Adoçante natural (stevia)
Alfarroba (chips)
Alho natural
Caldos de carne, galinha e legumes
Chás de ervas sem cafeína
Ervas frescas (todos os tipos)
Ervas secas (todos os tipos)
Extrato de baunilha ou hortelã
Extrato de tomate
Gengibre
Levedo de cerveja
Molho de tomate sem açúcar
Mostarda (preparada)
Óleo de coco
Picles sem açúcar
Raiz-forte preparada
Tamari (molho de soja)
Temperos: cacau em pó, canela, cominho, cúrcuma, curry, noz-moscada, pimenta-do-reino branca e preta, pimenta vermelha moída, sal com cebola, sal marinho, temperos orgânicos
Vinagre (todos os tipos)
Vinagrete

Gorduras saudáveis

Abacate
Homus
Oleaginosas (amêndoas, avelãs, castanhas de caju, nozes, pecãs, pinholes, pistaches)
Óleos (coco, gergelim, gergelim torrado, oliva)
Pasta de oleaginosas
Sementes cruas (abóbora, girassol, linhaça)
Tahine

CAPÍTULO 4

REGRAS DO METABOLISMO RÁPIDO: O QUE FAZER E O QUE NÃO FAZER

Agora que sabemos por que e como a dieta funciona, está na hora de fazê-la funcionar. Neste capítulo, vamos falar das regras. Vou dizer exatamente o que você precisa comer (e quais são os alimentos proibidos) nos próximos 28 dias para fazer o emagrecimento acontecer. Os próximos 28 dias não seguirão uma rotina. Serão uma espécie de sessão de reparação intensa. Se quiser que funcione, é preciso seguir as regras. Sem discussão, sem sair do rumo. Durante as próximas quatro semanas, essas regras não são negociáveis.

As regras são simples, muito fáceis. Não são assustadoras. A ideia é confundir para perder, mas não quero deixar você confuso.

Quero que seja divertido. Por isso, aqui está uma regra da qual você vai gostar: você tem que comer. Na verdade, a regra nº 1 da Dieta do Metabolismo Rápido é que você precisa comer cinco vezes, todos os dias. Isso quer dizer 35 vezes por semana. E nada de trapacear ou pular refeições! Você vai comer, e muito. E mesmo assim vai emagrecer.

Mas nada disso vai acontecer se você não comer de acordo com o plano estrategicamente elaborado que eu criei. As regras são fundamentais se você quiser que a dieta funcione.

Se você pretende seguir o programa, precisa saber que algumas mudanças são necessárias, mesmo que não goste. Não precisa comer se for alérgico ou se realmente detestar qualquer coisa; as regras têm flexibilidade para isso. Mas, se você quebrar a perna, não poderá se recusar a usar o gesso porque não fica bem em você. Nem poderá dizer que não

Dieta

Vamos ficar amigos da palavra DIETA, não exatamente da palavra, mas do acrônimo D.I.E.T., que em inglês quer dizer *Did I Eat Today*? (Hoje eu comi?).

Hoje comi a cada três ou quatro horas?

Hoje comi até meia hora depois de acordar?

Hoje comi de acordo com a minha fase?

Hoje comi o suficiente de carboidratos complexos (fase 1), de proteína magra e vegetais (fase 2) ou de gorduras saudáveis (fase 3)?

Hoje eu comi? É nisso que você tem que pensar, e esse é o significado de "dieta" a partir de agora. Eu não quero que você associe a palavra "dieta" a privação e fome. Dieta, a partir de agora, significa "comer".

gosta de muletas. É claro que não. Se a perna estiver quebrada, você será obrigado a usar o gesso. Você tem que obedecer às regras do médico. Assim como precisa seguir minhas regras para reparar o metabolismo!

Leia atentamente e depois leia de novo. Elas se aplicam a todas as fases e dão detalhes cruciais sobre cada uma delas. Apesar de não serem regras "eternas", é provável que você se sinta tão saudável e cheio de energia durante os 28 dias do programa que resolva continuar seguindo essas regras, ou pelo menos algumas delas, para o resto da vida. Lembre-se de que não temos deficiência de cafeína ou de adoçantes artificiais. Mesmo que você não aceite a teoria de que algumas das coisas que vamos eliminar nas próximas quatro semanas têm um impacto negativo sobre a sua saúde, posso garantir que elas não estão no topo da lista de coisas saudáveis.

O que fazer e o que não fazer

O QUE FAZER

REGRA Nº 1: VOCÊ PRECISA COMER CINCO VEZES POR DIA, 35 VEZES POR SEMANA

Isso equivale a três refeições e dois lanches por dia. Quer dizer, quando eu digo que você não vai passar fome nem sentir falta de frutas, ou carboidratos, ou gordura, ou proteína, estou falando a verdade. Você não pode pular refeições ou lanches. Isso é fundamental para reparar o metabolismo. Não tem discussão. Não me importa se você acha que não está com fome. Precisa comer.

REGRA Nº 2: VOCÊ PRECISA COMER A CADA TRÊS OU QUATRO HORAS, EXCETO QUANDO ESTIVER DORMINDO

Isso pode até significar mais de cinco vezes por dia! Se ficar acordado até tarde ou se estiver há mais de três ou quatro horas sem comer, precisa fazer um lanche extra. Por exemplo, se terminou o jantar às 7 horas da noite e só for deitar às 11 ou meia-noite, tem que fazer mais um lanche depois do jantar. Se estiver pensando em como encaixar todas essas refeições na sua rotina já atribulada, não pense. Minha clientela é formada por pessoas extremamente atarefadas, como você, e elas encontram tempo para comer a cada três ou quatro horas. O segredo é inserir as refeições na sua programação diária. A tabela abaixo mostra alguns exemplos: se você levanta cedo, se levanta tarde, ou se trabalha à noite. Faça a programação de acordo com sua rotina:

	ACORDAR	CAFÉ	LANCHE	ALMOÇO	LANCHE	JANTAR
MÉDIA	7h	7h30	10h	13h	16h	19h (terminando às 20h)
CEDO	5h	5h30	8h30	11h	14h	17h
TARDE	9h	9h30	11h30	14h30	17h	20h
TURNO DA NOITE	2h	2h30	5h30	8h30	11h30	14h30 (terminando às 15h)
VOCÊ						

REGRA Nº 3: VOCÊ PRECISA COMER ATÉ 30 MINUTOS DEPOIS DE ACORDAR, TODOS OS DIAS

Não demore a tomar o café da manhã. Se estiver com pressa e não tiver tempo para sentar e fazer uma refeição completa, faça primeiro o lanche e depois tome o café da manhã, quando estiver no trabalho. Mas você precisa comer alguma coisa até 30 minutos depois de levantar, para que o corpo tenha energia. Além disso, por favor, não faça exercícios antes de colocar alguma coisa no estômago. Você pode pensar que está queimando mais gordura, mas na verdade essa é uma das piores coisas a fazer com o metabolismo.

REGRA Nº 4: VOCÊ PRECISA SEGUIR O PLANO DURANTE 28 DIAS COMPLETOS

O plano dura 28 dias por um motivo: seguir o ritmo circadiano natural do corpo. Cada uma das semanas pode ser repetida muitas vezes, para você perder mais peso, mas o comprometimento inicial precisa se estender às quatro primeiras semanas. É como varrer o pátio. Você não consegue limpar tudo da primeira vez; precisa voltar para limpar o que ficou.

REGRA Nº 5: VOCÊ PRECISA CONSUMIR APENAS OS ALIMENTOS PERMITIDOS EM CADA FASE

Você precisa obedecer essa regra religiosamente. Se não estiver na lista de alimentos da fase em que você estiver, não coma. Isso vale para todas as fases. Existem alimentos que não estão nas listas ou tabelas, e isso é intencional. Explicarei por que certos alimentos ficaram de fora. Por enquanto, você só precisa saber que, se não estiver na lista, você não comerá durante os 28 dias.

REGRA Nº 6: VOCÊ PRECISA SEGUIR AS FASES NA ORDEM

Isso quer dizer que são dois dias da fase 1, seguidos por dois dias da fase 2 e, na sequência, três dias da fase 3. E é mais fácil de seguir se você começar em uma segunda-feira. Como eu disse no capítulo anterior, cada uma das fase tem um objetivo (relaxar: acalmar o corpo para facilitar a absorção dos nutrientes dos alimentos; destravar: fazer músculos e soltar a gordura armazenada; liberar: queimar a gordura), e a ordem determinada também tem sua razão de ser.

REGRA Nº 7: VOCÊ DEVE TOMAR DE 1 A 1,5 LITRO DE ÁGUA POR DIA

Você precisa tomar água todos os dias e, no mínimo, 1 litro de água pura durante o dia. Depois de atingir essa quantidade, poderá tomar chá de ervas sem cafeína, ou limonada adoçada com adoçante natural, como stevia (mas não com açúcar nem mel). O chá e a limonada não interferem na quantidade de água.

Limite o consumo de qualquer bebida adoçada naturalmente a duas por dia. Não quero que suas papilas gustativas fiquem muito acostumadas com o sabor das bebidas doces, mesmo que não tenham nenhum valor glicêmico. E não se esqueça de que a água sempre vem em primeiro lugar!

REGRA Nº 8: COMA ALIMENTOS ORGÂNICOS SEMPRE QUE POSSÍVEL

Sei que esses alimentos podem ser mais caros, e nem todo mundo acredita que sejam melhores ou mais saudáveis. Não vou discutir essa questão, mas o fato é que todos os produtos químicos que você ingere — incluindo aditivos, conservantes, pesticidas, inseticidas e hormônios — precisam ser processados pelo fígado. Esse processo monopoliza tempo e energia que poderiam ser usados para reparar seu metabolismo. Lembre-se de que estou tentando ser gananciosa com a energia do fígado. Por isso, o melhor é consumir o mínimo possível de produtos químicos. Procure também manter o ambiente o mais limpo possível. Não é hora de pintar o interior da casa ou trocar o carpete. Todos os elementos químicos presentes no ar também são

Apenas pasta de oleaginosas cruas

Existem tantas pastas de oleaginosas cruas que você não sentirá falta da pasta de amendoim. Adoro pasta de amendoim, mas por ser um produto com muitos agrotóxicos não fará parte da sua vida por 28 dias. Se quiser experimentar depois desse período, prefira pasta de amendoim orgânica, sem adição de açúcar, mas por enquanto fique com as pastas de amêndoa, castanha de caju, gergelim, nozes e semente de girassol. Você não sentirá falta do amendoim.

processados pelo fígado, e isso desviará a atenção dele do trabalho que queremos que faça: queimar gordura.

REGRA Nº 9: AS CARNES NÃO PODEM CONTER NITRATO

Os nitratos são substâncias usadas geralmente em carnes curadas como bacon, linguiça, carne-seca e carnes processadas e embaladas (incluindo algumas vendidas nos açougues) para impedir a proliferação de bactérias, de forma que o produto não estrague muito depressa. Como o nitrato age desacelerando a decomposição da gordura na carne, ele também desacelera a decomposição da gordura no corpo, exatamente quando estamos tentando fazer o oposto: derreter a gordura o mais rápido possível.

Por isso, procure consumir carnes curadas e conservadas em processos naturais, que são perfeitamente seguros. Se não tiver certeza quanto ao produto, leia a embalagem e procure a palavra "nitrato", ou pergunte ao açougueiro se usam nitrato para conservar a carne. Os produtores de carnes orgânicas também devem ter opções sem nitrato. Lembre-se apenas de que essas carnes não se conservam por muito tempo, por isso é bom armazená-las no freezer até a véspera de serem usadas.

REGRA Nº 10: FAÇA OS EXERCÍCIOS ADEQUADOS A CADA FASE

A Dieta do Metabolismo Rápido tem tudo a ver com comida, mas não apenas comida.

> FASE 1: Faça pelo menos um dia de exercícios cardiovasculares vigorosos, como corrida, elípticos ou uma aula de aeróbica.
>
> FASE 2: Faça pelo menos um dia de levantamento de pesos.
>
> FASE 3: Faça pelo menos um dia de atividade para reduzir o estresse, como ioga ou exercícios de respiração profunda; ou faça uma massagem. A massagem não é uma atividade em si, mas aumenta a irrigação do sangue para as áreas com mais gordura do corpo, reduz o cortisol e faz o trabalho que desejamos nessa fase.

O QUE NÃO FAZER

Se você já deu uma olhada nas receitas apresentadas mais à frente, nas tabelas de refeições e nas listas de alimentos, deve ter percebido que algumas coisas não estão em nenhuma das listas. Mas tenho bons motivos para tirá-las temporariamente do cardápio. Esses ingredientes dificultam, quando não impossibilitam, o restabelecimento e o reparo do metabolismo.

Nos juntamos com um objetivo comum, então vamos atingi-lo. Você não vai abrir mão dessas coisas para sempre, mas por enquanto elas estão fora. Vejamos por quê.

REGRA Nº 1: NADA DE TRIGO

O trigo envolve um negócio bilionário. Para aumentar o rendimento da colheita, e os lucros, os produtores desenvolveram um processo de hibridização do trigo para que resistisse às condições mais extremas do clima (lembre-se: estudei agronomia e tive muitas aulas a respeito desse tema) Por isso ele se tornou não apenas indestrutível no campo, mas também quase indestrutível no seu corpo. Em outras palavras, o corpo tem muita dificuldade de digerir e extrair os nutrientes do trigo.

Pense nisto: se o trigo pode resistir a uma tempestade de granizo e à infestação de pragas, quais são as chances de seu corpo decompô-lo? Entre outras coisas, ele causa inflamação, gases, inchaço, retenção de líquidos e cansaço. Ficar sem consumir trigo pode ser algo temerário, mas prometo que você não sentirá falta. Você pode comer carboidratos muito melhores, mais saudáveis, como arroz integral e arroz selvagem, cevada e quinoa, ou pães e massas feitas com grãos germinados ou trigo-vermelho.

Você pode não estar habituado a comer esses grãos, mas poderá encontrar qualquer um deles (ou qualquer outro ingrediente das listas de alimentos) em qualquer bom supermercado ou boa loja de produtos naturais. O trigo na forma germinada é exceção à regra, assim como produtos à base de trigo germinado ou feitos sem trigo, como alguns tipos de pães, geralmente encontrados na seção de congelados de padarias especializadas. Converse com o gerente da loja para ter mais opções.

REGRA Nº 2: NADA DE MILHO

O milho é um dos piores inimigos do seu metabolismo, porque, assim como fizeram com o trigo, os agricultores modificaram o milho drasticamente para aumentar a colheita. Mas existe outro motivo. Os vegetarianos talvez queiram pular a próxima frase: quando os fazendeiros querem deixar a carne mais marmorizada (com mais tecido branco para melhorar o sabor), alimentam as vacas com muito milho pouco antes do abate. Em outras palavras, milho é sinônimo de gordura rápida. Eles também alimentam os cavalos com milho antes de uma exibição, se estiverem muito magros. Basicamente, graças aos milagres da engenharia genética, o grão de milho é um grande reservatório de açúcar que dispara a produção de gordura branca. Se você quer ter um metabolismo rápido, não coma.

Tenho muitos atores como pacientes. De vez em quando, um deles me pede ajuda para engordar por causa de um papel. O milho é uma das minhas melhores dicas. Se você quer dar a impressão de estar grávida ou ter um rosto cheinho e braços gordinhos, coma milho.

REGRA Nº 3: NADA DE LATICÍNIOS

"Mas eu adooooro queijo!", meus pacientes vivem choramingando. Eu sei. Queijo tem um sabor delicioso. Mas os queijos e todos os laticínios têm uma proporção de açúcar, gordura e proteína que causa grande estrago no seu metabolismo. O corpo absorve o açúcar da lactose (açúcar do leite) muito depressa, e o nível de gordura animal é muito alto.

Sei o que você deve estar pensando: e o queijo cottage ou o iogurte grego? Esses alimentos são benéficos para a saúde e podem ter um espaço em sua vida... mas não pelos próximos 28 dias. Ao contrário do que você possa pensar, a pior forma de laticínio é a não orgânica, do tipo que não contém gordura. No que diz respeito aos laticínios, se não tiver gordura, desacelera o metabolismo.

O outro problema dos laticínios é que estimulam os hormônios sexuais de uma forma paralisante para o metabolismo. Até mesmo os produtos orgânicos contêm aminoácidos que alteram o equilíbrio dos hormônios sexuais. Uso laticínios integrais em minha dieta para fertilidade e incentivo as mulheres que estão tentando engravidar a tomar leite orgânico integral. Mas, neste programa, esses laticínios não são indicados.

Não se preocupe, não vou deixar você sem alternativas. Você pode usar leite de arroz não adoçado na fase 1 e pode usar leite de amêndoa ou leite de coco não adoçados na fase 3. Nada de leite de qualquer tipo na fase 2, mas são apenas dois dias. Você aguenta.

REGRA Nº 4: NADA DE SOJA

Que me desculpem os amantes da soja. É claro que tempeh, edamame e tofu não modificados geneticamente (sem OGMs) podem ser alimentos saudáveis, principalmente se você não come proteína animal. Mas não quando está tentando recuperar seu metabolismo. A soja é rica em estrogênio, muito parecido com aquele que é produzido pelo corpo, e não conheço outra substância mais apropriada para aumentar a gordura da barriga. Além disso, a maior parte da soja é geneticamente modificada, dificultando a absorção pelo organismo.

Na criação do gado convencional, a soja é usada para aumentar a proporção de proteína de maneira barata, mais ou menos como os restaurantes de fast-food, que às vezes colocam proteína de soja no hambúrguer. O efeito estrogênico da soja também causa ganho de peso rápido: bom para a pecuária, ruim para você.

Tive um paciente, ator, que era muito magro e saudável, mas precisava ficar com a aparência de um alcoólatra, como se tivesse passado a semana inteira bebendo, como se a sua vida estivesse fora de controle. Eu tinha 14 dias para mudar sua aparência. Sem problemas! Eu sabia o que fazer. Ele comeu muita soja e em 14 dias estava pronto para o papel. A soja desacelera o metabolismo e, por isso, não terá lugar na sua vida, pelo menos durante os próximos 28 dias. (E, mesmo que você nunca mais volte a comer, não ficarei chateada.)

E os vegetarianos não precisam se preocupar. Existem muitos alimentos com alto teor de proteína na Dieta do Metabolismo Rápido. Todas as planilhas de refeições deste livro oferecem opções vegetarianas.

Existe uma exceção para esta regra: o tamari, molho de soja fermentada que não contém o mesmo fator estrogênico.

REGRA Nº 5: NADA DE AÇÚCAR REFINADO

O açúcar refinado é uma fonte muito concentrada de energia rápida e, em excesso, exige muito esforço do corpo para manter os níveis de açúcar do sangue normalizados para que você permaneça consciente. Isso é quase impossível na presença de muito açúcar, pois ele entra na corrente sanguínea com muita rapidez. Para livrar-se dele, o corpo o transporta rapidamente para as células de gordura, onde não elevará ainda mais o açúcar do sangue. É um mecanismo de sobrevivência. Por isso, quando você ingere açúcar refinado, está basicamente alimentando as células de gordura.

Duas colheres de chá de açúcar refinado podem inibir a perda de peso por três a quatro dias. Digamos que você vá a uma festa e tome um refrigerante ou coma um pedaço de bolo. Pode dizer adeus ao emagrecimento durante uma semana. Pior, vai ficar com mais vontade de comer açúcar. Existem muitos estudos mostrando que o açúcar é tão viciante para o cérebro e o corpo quanto a cocaína.

O açúcar refinado também tem um efeito supressor no sistema imunológico. Bastam duas colheres de chá de açúcar refinado para reduzir a contagem de células T (os glóbulos brancos do sangue, vitais para o bom funcionamento do sistema imunológico) em 50% durante duas horas após a ingestão de açúcar, período em que você fica mais vulnerável a doenças e infecções.

Talvez interesse saber também que o açúcar refinado tem muitas impurezas. Grande parte é misturada com uma glicoproteína que estimula a absorção ainda mais rápida pelas paredes do intestino. Além disso — e os vegetarianos devem prestar atenção a esse detalhe —, ele obtém essa glicoproteína de ossos carbonizados e sangue de porcos. Os ingredientes animais usados no processo não precisam ser divulgados, mas estão lá. Eca! Fique longe, pelo menos pelos próximos 28 dias.

REGRA Nº 6: NADA DE CAFEÍNA

É importante entender como suas glândulas suprarrenais ficam estressadas com a cafeína. As suprarrenais são muito importantes para regular o nível de açúcar e manter estável o nível do cortisol (hormônio do estresse) para regular a adrenalina e a noradrenalina.

Essas glândulas também ajudam a regular a aldosterona, responsável por controlar o metabolismo da gordura e regular o armazenamento de açúcar e o desenvolvimento de músculos.

A cafeína força o corpo além do limite de energia saudável, roubando constantemente suas reservas, deixando você esgotado e sem recursos para quando realmente precisar de energia. Sim, eu sei que o café e a cafeína têm a fama de reduzir o apetite e contribuir para a perda de peso. Mas a verdade é que isso vale apenas para as pessoas que têm uma dieta extremamente pobre em carboidratos e calorias — o tipo de dieta que, se não for feita pelo resto da vida, faz com que a pessoa recupere os quilos perdidos e um pouco mais quando volta a comer normalmente. Quem deseja viver a vida normalmente e comer comida deve deixar a cafeína de lado pelos próximos 28 dias... e talvez para sempre.

Além disso, você precisa saber que o café descafeinado tem cafeína. Dependendo da marca, pode conter entre 13% e 37% da cafeína presente em qualquer café. Se você simplesmente não consegue se imaginar sem café, o melhor é consumir café orgânico descafeinado. Mas saiba que ainda estará ingerindo uma dose de cafeína, estressante para as suprarrenais.

E, se insistir em tomar seu café matinal, é melhor comer alguma coisa antes. Se ingerir café de estômago vazio, seu corpo começará a tirar açúcar dos músculos para abastecer os hormônios das suprarrenais estimulados pela cafeína. A cafeína antes do café da manhã acaba com o metabolismo, e isso inclui chá-preto, chá-verde e chá-branco.

A verdade é que ninguém precisa de cafeína. Não é um mineral necessário para o corpo. Você pode discordar, mas precisa saber que a ingestão de cafeína destrói o metabolismo.

Sei que é difícil. A cafeína é emocional e fisiologicamente viciante, e pode ser muito difícil retirá-la de uma vez. A boa notícia é que, depois de três ou quatro dias de sintomas problemáticos, a dependência acaba. Você não sente mais aquela necessidade. É uma sensação libertadora.

Alguns dos truques que uso para ajudar as pessoas a lidarem com a retirada da cafeína são:

- Incluir canela na vitamina matinal.
- Chá de camomila (*Tanacetum partheinum*), erva muito usada para tratar enxaquecas.

- Gingko biloba, que é vaso dilatador e também pode ajudar com as dores de cabeça.
- Paciência. Lembre-se sempre de que em poucos dias você acordará sentindo-se muito melhor.

REGRA Nº 7: NADA DE ÁLCOOL

Eu sei. Você gosta do seu copo de vinho, da sua margarita ou o que seja. Eu jamais lhe diria que você não vai poder beber nunca mais. O problema é que o álcool precisa ser processado pelo fígado. Isso significa que ele também monopoliza um órgão importante que estamos tentando recuperar. O fato de dizer que você não deve consumir álcool não significa que eu esteja fazendo algum tipo de julgamento. O problema não são as calorias vazias. O problema é o metabolismo.

Além do esforço que exige do fígado, existem outros motivos para evitar o álcool nos próximos 28 dias. O álcool tem alto teor de açúcar e se converte rapidamente em açúcar na corrente sanguínea. Isso é exatamente o que estamos tentando evitar. No capítulo 10 vou dizer como você pode incorporar o álcool de maneira segura. Mas, nas próximas quatro semanas, você emagrecerá mais depressa e seu metabolismo funcionará de maneira mais eficiente se você se limitar ao club soda com limão.

REGRA Nº 8: NADA DE FRUTAS SECAS OU SUCO DE FRUTAS

Uva-passa e damasco seco podem servir de lanche de vez em quando. Mas não durante este processo. A concentração de açúcar é muito alta, e a fibra é muito fácil de decompor. Quando você come frutas secas ou toma um suco de fruta, acontece a mesma coisa que falamos antes em relação ao açúcar refinado: o açúcar entra muito depressa na corrente sanguínea. Isso obriga o corpo a armazenar o excesso nas células de gordura. O suco, em especial, aumenta demais o nível de açúcar no organismo, sendo que você pode obter a mesma quantidade de açúcar de uma laranja e ele será absorvido mais lentamente por causa das fibras da fruta. Você poderá comer suas uvas-passas com aveia e um copo pequeno de suco de laranja de vez em quando, mas não nas próximas quatro semanas.

REGRAS Nº 9 E Nº 10: NADA DE ADOÇANTES ARTIFICIAIS E NADA DE ALIMENTOS COM ZERO GORDURA

Costumo dizer aos meus pacientes: se não é autêntico, afaste-se. Tudo o que diz "diet alguma coisa" ou "zero qualquer coisa", ou então "zero gordura", deixe na prateleira. Nada de refeições diet congeladas, nada de lanches embalados.

A conveniência não é algo ruim, e muitas empresas estão criando alternativas saudáveis na área de alimentos prontos. Mas nesta dieta você vai preparar seus lanches e refeições congeladas com comida de verdade. Ou então com alternativas frescas, comida de verdade em restaurantes. É fácil e conveniente, além de delicioso, e você pode fazer isso.

E, por favor, dispense os pacotinhos coloridos de açúcar falso. Eles são veneno para seu corpo e seu metabolismo. Se precisar usar um adoçante, use os naturais, como stevia.

A vida secreta das alergias alimentares

Ironicamente, os alimentos que você mais sente vontade de comer talvez sejam aqueles a que seu corpo tem maior intolerância. Quando eu era criança, adorava manteiga pura. Nojento, não é? Eu era capaz de comer direto da manteigueira, não conseguia me controlar. Eu também tinha eczema. Eu não sabia, mas sentia vontade de comer gordura porque meu corpo necessitava. Agora sei que preciso de gorduras boas, mas sou alérgica a laticínios. Quando parei de consumir laticínios, minha pele melhorou imediatamente.

Qual é sua fraqueza, seu desejo secreto?

Às vezes pergunto aos meus pacientes: digamos que eu tenha uma varinha mágica e possa transformar o que você mais gosta na comida mais saudável do planeta. O que você gostaria que eu transformasse? Eles admitem que são viciados em carboidratos ou que são malucos por açúcar, chocolate ou queijo. É quando eu delicadamente sugiro que talvez esses sejam os alimentos que eles precisam eliminar da dieta, pelo menos por algum tempo.

As regras

Estas regras são simples e mais fáceis de seguir do que você pensa. E, se você precisa de algum incentivo, saiba que a obediência a essas regras fará com que você se sinta muito bem. Vários pacientes gostaram tanto que incorporaram essas regras definitivamente. Se você não lembrar mais nada, lembre-se disto: coma cinco vezes ao dia, e apenas os alimentos da lista correspondente à sua fase.

Resumo das regras	
O QUE FAZER	
Regra nº 1:	Você precisa comer cinco vezes por dia: três refeições e dois lanches. Não pode pular refeições.
Regra nº 2:	Você precisa comer a cada três ou quatro horas, exceto quando estiver dormindo.
Regra nº 3:	Você precisa comer até 30 minutos depois de acordar. Todos os dias.
Regra nº 4:	Você precisa obedecer o plano por 28 dias completos.
Regra nº 5:	Você precisa se limitar aos alimentos permitidos em cada fase. Religiosamente. Repito: coma apenas os alimentos que estão na lista de cada fase.
Regra nº 6:	Você precisa seguir as fases na ordem certa.
Regra nº 7:	Você precisa tomar de 1 a 1,5 litro de água todos os dias.
Regra nº 8:	Prefira alimentos orgânicos sempre que possível.
Regra nº 9:	As carnes não podem conter nitrato.
Regra nº 10:	Você precisa fazer exercícios três vezes por semana, de acordo com sua fase.

O QUE NÃO FAZER

Regra nº 1: Nada de trigo.

Regra nº 2: Nada de milho.

Regra nº 3: Nada de laticínios.

Regra nº 4: Nada de soja.

Regra nº 5: Nada de açúcar refinado.

Regra nº 6: Nada de cafeína.

Regra nº 7: Nada de álcool.

Regra nº 8: Nada de frutas secas ou suco de frutas.

Regra nº 9: Nada de adoçantes artificiais.

Regra nº 10: Nada de alimentos diet e zero gordura.

E, acima de tudo, lembre-se do significado do acrônimo DIET em inglês: *Did I Eat Today?* (Hoje eu comi?).

CAPÍTULO 5

OBSERVANDO A PRÓPRIA VIDA: COMO A DIETA FUNCIONA PARA VOCÊ

Sei que estou sendo mandona. Quero tudo do meu jeito. Tenho bons motivos para isso: em momentos como este é preciso ser firme. Porém, caso você esteja começando a achar que não vou deixar que você dê *nenhum* palpite sobre o que quer que seja, este capítulo vai mostrar o contrário. Na verdade, *quero* que você adapte a Dieta do Metabolismo Rápido *à sua vida*. Estamos falando do seu corpo, da sua comida, da sua saúde, e é sua dieta. Você precisa seguir minhas regras — não vou mexer nisso —, mas você pode moldar a Dieta do Metabolismo Rápido às suas circunstâncias individuais de forma que realmente consiga fazer a dieta na sua vida real, no mundo real.

Uma vez um paciente entrou na minha sala e antes de sentar foi logo dizendo: "Certo, vou fazer essa dieta. E estou disposto a ouvir, mas você precisa saber que não posso comer isto e não posso comer aquilo...".

"Uau! Espere um pouco", respondi, erguendo a mão. "Sente-se. Vamos conversar. Vamos ver o que você pode e o que não pode comer. O que você está disposto a fazer e o que não. Depois chegaremos a um entendimento e selaremos nosso acordo com um aperto de mãos, está bem?"

Existem muitas variáveis para que um regime dê certo, e se você não levar essas coisas em consideração, estará fadado ao fracasso. Quero que meu plano se torne *nosso* plano. Quero que seja adaptado para podermos chegar a um acordo que não comprometa sua individualidade, mas que também não comprometa a perda de peso.

Muitas vezes recebo pacientes em estado de pânico. Eles sabem que vão começar uma dieta e entram em parafuso pensando em como será. Às vezes dizem coisas do tipo "sei que será um inferno" ou "sei que vai ser horrível" e "isso vai ser a coisa mais difícil que já fiz na vida". Às vezes são fatalistas e dizem "não consigo emagrecer, mas vou tentar" ou "aposto que a dieta não vai funcionar justamente comigo" e "se perder 2 quilos já está ótimo".

Isso me dói no coração. Sei quanto pode ser doloroso e difícil tentar emagrecer e como todos os quilos perdidos com muito esforço podem voltar.

Mas prometo que desta vez será diferente. Sim, tenho um programa rígido, e você precisa seguir esse programa. Muitos dos aspectos da Dieta do Metabolismo Rápido não são negociáveis. Mas esta dieta não envolve sofrimento. E existem muitos aspectos que podem ser negociados, adaptados. Você pode fazer a *sua* Dieta do Metabolismo Rápido, não é uma prisão que lhe foi imposta para seu próprio bem.

Quero saber o que você gosta. Quais os alimentos que você adora. Quero saber, sem a intenção de julgar, tudo de bom, ruim e feio do seu passado alimentar. Quais são suas obsessões? As minhas são creme de leite, manteiga, sorvete, abacate e maionese (é claro, gosto de tudo o que é gordo e cremoso!). Odeio balas duras, mas adoro sopas e cozidos mexicanos (chilis). Posso comer um abacaxi até meus lábios começarem a arder, mas não sou muito fã de maçã.

Também sou idealista. Todas as segundas acordo forte e renovada, mas aí acontece alguma coisa em uma das clínicas ou na escola de um dos meus filhos. Ou preciso pegar um avião ou conceder uma entrevista. Ou preciso entrevistar um novo chef e comer uma porção de coisas. Por isso me preparo para o pior e tenho sempre um lanche no carro ou no escritório. Mas as minhas semanas são cheias de desafios, por isso procuro fazer com que a comida não seja.

Quem é você?

E você? A que alimentos você acha difícil resistir? Do que não gosta? Você é exigente ou come qualquer coisa? E como costuma ser sua semana? O que você costuma fazer bem e onde costuma cometer erros?

Este capítulo é dedicado à reflexão sobre sua vida. Vamos conversar e depois apertar as mãos. Vou ajudar você a descobrir todos os aspectos desta dieta que talvez não se ajustem à sua vida e depois ajudá-lo a encontrar uma forma de fazer com que funcione, da mesma maneira que funcionou para centenas de outras pessoas.

Combinado?

Hora do autoexame

Antes de adaptar a Dieta do Metabolismo Rápido, você precisa ter clareza em relação a quem você é, o que você faz, do que você gosta e o que não está disposto a fazer.

- Quantos quilos quer perder?
- A que horas levanta de manhã?
- Gosta de tomar café assim que acorda ou prefere esperar até chegar no trabalho?
- Você precisa cozinhar para a família ou é apenas você, podendo comer o que quiser e quando quiser?
- Você costuma evitar a cozinha a qualquer custo ou está sempre pensando no que vai cozinhar?
- Você é vegetariano?
- Tem problemas com glúten?
- É fanático por exercícios ou faz tempo que não põe os pés na academia?

Está na hora de fazer o autoexame. Pense em seus hábitos e no que aconteceu quando você fez dieta.

- Você gosta ou odeia rotina?
- Seu trabalho exige uma rotina atípica?
- Você é fanático por carboidratos ou adora carne?
- Sente mais fome à tarde ou à noite?
- Você come sem pensar ou planeja suas refeições?

Muitas dessas perguntas são fáceis de responder se você fizer um exercício simples. Gostaria que você fizesse um diário alimentar dos próximos três dias, para conhecer sua realidade, o ritmo dos seus dias e como podemos encaixar a Dieta do Metabolismo Rápido na sua rotina.

Aqui está um exemplo de como você pode fazer esse diário. Além de responder às perguntas citadas, inclua tudo o que colocar na boca durante esses três dias. Anote se pensou na refeição ou no lanche ou se comeu sem querer. Lembre-se de que a honestidade é a melhor política. Queremos examinar sua realidade para podermos detectar qualquer obstáculo e evitar qualquer desastre. Você está fazendo isto para que a dieta funcione. Por isso conte tudo, por favor.

UM DIA COMPLETO

HORA	O QUE EU COMI	REFEIÇÃO OU LANCHE?	PLANEJADA OU NÃO?	COMO ME SENTIA ANTES	COMO ME SENTI DEPOIS

Um dia completo

Depois de reunir essas informações valiosas durante três dias, analise bem os dados. Você costuma comer no mesmo horário todos os dias ou seus hábitos alimentares são aleatórios? Você levanta cedo ou deita tarde? Sai correndo? Será muito difícil tomar café até 30 minutos depois de acordar? Você fica acordado até tarde ou janta tarde? Você costuma consumir algum alimento que não é permitido na Dieta do Metabolismo Rápido? Há algum alimento da dieta que você não come muito, mas que gostaria de comer mais?

Compare as anotações do seu diário com as regras do capítulo 4 e veja quais podem ser as mais difíceis para você; com o que você acha que pode conviver e o que precisa ser modificado; em relação a que você terá que se comprometer (queijo, açúcar); e o que acha que vai gostar (abacate, pasta de amêndoa)?

Vamos analisar os detalhes para que as coisas funcionem para você.

Sua rotina diária

A primeira coisa a considerar é sua rotina. Se você trabalha fora e tem uma rotina rígida, isso provavelmente vai determinar quando e como você come. Você talvez não consiga levantar e tomar seu café até 30 minutos depois de acordar, porque precisa sair correndo para o escritório e costuma comer quando chega lá. Sem problemas. Desde que você coma *alguma coisa* até 30 minutos depois de acordar, estará seguindo as regras. Basta trocar o lanche matinal pelo café da manhã. Coma uma maçã enquanto vai para o trabalho, ou um ovo cozido. Quando estiver no trabalho faça uma refeição de acordo com a fase em que estiver: aveia ou torrada (de pão de grãos germinados), ovos ou wrap de peru, ou aipo com pasta de amêndoa. Você também precisa pensar no que vai comer enquanto estiver longe de casa. Se o escritório tiver uma cozinha, ótimo. Se não, você precisa preparar o café da manhã na noite anterior.

Se trabalhar à noite, sua rotina será diferente. Desde que coma até 30 minutos depois de levantar e com intervalos de três a quatro horas, não importa a que horas você começa seu dia, se às seis da manhã ou às seis da tarde.

Sua rotina de trabalho e outros aspectos da sua vida também podem ter um impacto sobre seu jantar. Se você costuma jantar muito tarde, talvez precise de dois lanches durante a tarde para manter o intervalo de três a quatro horas.

Sua rotina diária talvez influencie também o dia do início da dieta. Apesar de eu recomendar que as pessoas comecem na segunda-

-feira para chegar à fase 3 no fim de semana, quando as opções são mais liberais, isso não funciona para todo mundo. Tenho uma paciente que costuma sair para jantar com o marido às quartas-feiras. Para ela, o melhor é começar a dieta no sábado. Sábado e domingo são os dias da fase 1, ricos em carboidratos e açúcar; isso combina com as refeições da família no fim de semana. Segunda e terça são os dias de jantar com a família, por isso ela prepara carne com vegetais para todos. No dia em que ela sai para jantar está na fase 3, por isso pode ir a um restaurante mexicano e comer guacamole, ou ir a um restaurante árabe e comer homus, ou sashimi de salmão em um restaurante japonês. Quinta e sexta são os outros dias da fase 3, e quando chega o sábado ela está pronta para recomeçar com a fase 1.

Pense em sua própria rotina nestes termos: existe algum dia da semana em que é mais fácil seguir determinada fase? Programe o dia para iniciar a dieta com base nisso. As regras podem funcionar com qualquer rotina, principalmente se você tiver sempre um dos lanches sugeridos (p. 206) na bolsa ou na mesa. Isto é importantíssimo. Você pode fazer a Dieta do Metabolismo Rápido funcionar, desde que se programe.

Suas porções

Todas as receitas deste livro incluem um tamanho para a porção, mas a quantidade de quilos que você precisa perder também tem influência sobre essas porções. Se você precisa emagrecer muito, precisará de mais comida (não menos!) para manter seu metabolismo a toda.

Para calcular o tamanho de suas porções, é preciso determinar primeiro qual é seu objetivo. Não sou eu quem vai dizer isso. Você sabe exatamente quanto quer emagrecer, quantos quilos precisa perder para se sentir bem. Pegue esse número e compare com seu peso atual, depois veja a tabela a seguir, para determinar o tamanho das porções que vai consumir em sua Dieta do Metabolismo Rápido.

Se você precisa emagrecer 9 quilos ou menos: Siga as porções básicas sugeridas adiante e as porções incluídas nas receitas deste livro.

Para cada 9 quilos adicionais: Acrescente meia porção. Por exemplo, se uma porção de cozido mexicano for de 2 xícaras e você quiser emagrecer 9 quilos, você deverá comer 2 xícaras de cozido. Mas se quiser emagrecer entre 13 e 18 quilos, é melhor comer 3 xícaras. Se quiser emagrecer entre 22 e 27 quilos, então a porção é de 4 xícaras. Isso mesmo, 4 xícaras!

Se você precisa emagrecer muito, passar fome é a última coisa que deve fazer. Você precisa de comida para acionar seu metabolismo, e só a comida ajudará você a perder aqueles quilos extras. Quanto maior o seu peso, mais comida precisa para movimentar o metabolismo. Ao se aproximar de seu objetivo, reduza as porções de acordo com a mesma fórmula.

Você sabe quantos quilos quer perder

Qual é seu objetivo? Estou perguntando e não afirmando, porque você já sabe. É um número único e individual. É o peso que a deixa satisfeita e não tem nada a ver com o peso que deixará outra pessoa satisfeita.

Tive pacientes que pesavam mais de 100 quilos e sabiam que se sentiriam melhor e mais felizes com 80 quilos. Alguns se sentem melhor com 70 ou 60 quilos. Seu objetivo é conseguir se sentir e comer como "uma pessoa normal". Não há tabela que possa lhe mostrar isso.

Não recomendo tabelas de peso nem o índice de massa corporal (IMC). Odeio o IMC! Não consigo recomendá-lo a meus pacientes. Não vou colocar nenhuma tabela de peso neste livro, porque as pessoas que vivem fazendo dieta já têm um número na cabeça. Quando o alcançar, você talvez decida estabelecer um novo objetivo. Mas, por enquanto, decida quanto quer pesar e coloque o número aqui:

Meu objetivo é pesar: ____________________

O tamanho básico das porções (para perder 9 quilos ou menos) da Dieta do Metabolismo Rápido vem a seguir. Use-o como referência quando não tiver uma receita com o tamanho das porções.

PROTEÍNA

- 110 g de carne, 170 g de peixe ou ½ xícara de leguminosas (como lentilha ou feijão-preto) cozidos em todas as fases.

Se precisar perder mais de 9 quilos, a porção é de 170 g de carne, 255 g de peixe ou ¾ de xícara de leguminosas cozidos. Se precisar emagrecer mais, aumente usando a fórmula que ensinei. Se estiver consumindo carne processada ou um lanche, uma porção é 56 g, ou cerca de quatro ou cinco fatias finas.

- Claras de 3 ovos (fases um e dois) ou 1 ovo inteiro (fase 3).

GRÃOS

- Na fase 1: 1 xícara de grãos cozidos ou 28 g a 30 g (cerca de ¼ de xícara) de biscoitos de água ou pretzels.
- Na fase 2: Nada. Não há grãos nesta fase.
- Na fase 3, as porções de grãos são menores: ½ xícara de grãos cozidos ou cerca de 15 g de biscoitos de água ou pretzels. Acrescente meia porção para cada 9 quilos adicionais que quiser emagrecer.

FRUTA

- Um pedaço ou 1 xícara da fruta adequada a cada fase em todas as fases, acrescentando meia porção para cada 9 quilos adicionais que você quiser perder. (Lembre-se de que na fase 2 a única fruta permitida é o limão.)

GORDURA

- Fase 1: Nada, nem no cozimento, nem consumo de alimentos (porque é um fase com baixo teor de gordura).
- Fase 2: Nada, nem no cozimento, nem consumo de alimentos (porque é uma fase com baixo teor de gordura).
- Fase 3: ½ abacate; ¼ de xícara de oleaginosas cruas; ¼ de xícara de homus ou guacamole; 2 colheres (sopa) de manteiga de oleaginosas ou sementes cruas (como manteiga de amêndoa ou girassol); 2 a 4 colheres (sopa) de molho de salada. Acrescente meia porção para cada 9 quilos adicionais que quiser perder.

Cozinhando sem gordura

Nas fases 1 e 2, quando não posso usar nenhum tipo de óleo para cozinhar, gosto de usar caldo orgânico de legumes para refogar os legumes e cozinhar ovos e usar limão para assar e grelhar.

VEGETAIS

Ilimitados! Quando se fala em vegetais, quanto mais, melhor. Eles contêm todos aqueles fitoquímicos e enzimas importantes que estimulam o metabolismo da gordura. Não importa quanto você precisa emagrecer, pode comer quanto quiser.

Quando falo às pessoas sobre o tamanho das porções da Dieta do Metabolismo Rápido elas ficam nervosas, principalmente se já fizeram dietas com grande restrição de calorias no passado. Preciso lembrá-las de que é preciso energia para perder peso e que a energia vem da comida. Por isso não tenha medo dessas porções. São seu remédio. Seu combustível. Desde que seja da fase correta e desde que você coma de acordo com a tabela de refeições, a comida que você ingerir vai acelerar seu metabolismo, e seu organismo queimará tudo e um pouco mais. Lembre-se de que, se passar fome, você estará conservando a gordura. Ao comer comida de verdade, estará *queimando* a gordura.

Como você está agora

Muitos dos meus pacientes sabem quanto querem pesar, mas não conhecem suas medidas; gosto de tirar as medidas básicas antes de iniciar a Dieta do Metabolismo Rápido, porque essas medidas têm muito mais a ver com o que você está construindo estruturalmente do que com um número na balança. É por isso que não sou grande fã do IMC para monitorar o peso. Você pode ter um peso considerado normal, mas talvez não tenha uma composição física saudável — pode ter muita gordura na região da barriga, por exemplo, mesmo que o resto do corpo pareça magro. Ou pode ter uma distribuição de peso saudável, mesmo que seu IMC esteja acima do "normal".

Por isso sugiro que você tire suas medidas agora, e anote aqui:

Quadril na parte mais larga: ____________________ cm

Cintura na altura do umbigo: ____________________ cm

Coxa na parte mais larga: ______________________ cm

Braço na parte mais larga: _____________________ cm

Ao longo dos 28 dias da Dieta do Metabolismo Rápido, verifique as mudanças nessas medidas, que eu considero muito mais interessantes do que qualquer alteração na balança.

Motivos pessoais para romper o acordo

Se você tiver restrições alimentares, a Dieta do Metabolismo Rápido pode parecer difícil. E se você for vegetariano, vegano ou não puder comer nada que tenha glúten? Sem problemas! Existem muitas opções facilmente adaptáveis às suas restrições alimentares. Vamos falar de cada uma.

VEGETARIANOS

Qualquer uma destas fases pode ser facilmente adaptada a uma dieta vegetariana, principalmente se você estiver disposto a consumir ovos e peixe. (Sei que peixe não é tecnicamente vegetariano, mas há pessoas que abrem exceções, e talvez esta seja uma delas.) Caso contrário, em qualquer receita das fases 1 e 3 que incluir carne, você pode substituir por ½ xícara de legumes cozidos, como lentilha, feijão-preto, feijão-branco ou qualquer outro feijão especificado para a fase (ou substituir por qualquer peixe indicado em cada fase).

A fase 2 é a mais difícil para os vegetarianos, pois é pobre em carboidratos e não estamos incluindo soja nem alimentos à base de soja nesta dieta. No entanto, se você se dispuser a comer ovos e peixe, ficará bem nos dois dias dessa fase. Suas opções serão mais limitadas, mas são apenas dois dias. Se não estiver disposto a comer ovos ou peixe, veja as orientações a seguir, para os veganos.

VEGANOS

É fácil ser vegano nas fases 1 e 3 porque é sempre possível substituir a carne por vegetais, em qualquer receita. Porém, na fase 2 é mais difícil. Grãos e legumes ricos em proteína têm muito carboidrato para a fase 2. Por isso os veganos podem *quebrar uma regra*, só uma. A regra da soja.

Normalmente ela é proibida na Dieta do Metabolismo Rápido por causa dos estrógenos vegetais e também pela tendência a ser processada e geneticamente modificada. Mas não quero que pense que não pode fazer esta dieta se você for vegano. Por isso, na fase 2 você pode substituir qualquer carne pelo seguinte (mas nenhum outro produto à base de soja):

- Tofu orgânico, sem OGMs
- Tempeh orgânico, sem OGMs
- Edamame, orgânico, sem OGMs

Prepare o tofu sem gordura e grelhe-o ou asse-o você mesmo, em vez de comprá-lo pronto, porque é mais processado. Isso talvez desacelere um pouco o processo de emagrecimento, mas você ainda poderá comer os alimentos pobres em carboidratos da fase 2, limitando-se a essas três opções. Mas lembre-se de que nas fases 1 e 3 você precisa seguir a regras como todo mundo; e isso significa: *nada de soja.*

SEM GLÚTEN

As pessoas que não podem consumir glúten não terão problemas com a Dieta do Metabolismo Rápido, porque o trigo, principal fonte de glúten na maioria das dietas, já foi retirado do cardápio. Mas ainda há alguns produtos que contêm glúten nas receitas e nas listas de alimentos. Não os coma. Os pães feitos com grãos germinados e produtos contendo trigo-vermelho, cevada, kamut (trigo khorasan), farro, triguilho, centeio, trigo duro, trigo-sarraceno, triticale ou semolina contêm glúten, por isso evite-os. A aveia convencional também contém glúten.

Consuma aveia sem glúten (verifique a embalagem — o processamento precisa ser diferente para evitar a contaminação do trigo) e todos os grãos que não contêm glúten, como:

- Amaranto
- Arroz integral
- Arroz selvagem
- Grão de teff
- Painço
- Quinoa
- Trigo-sarraceno

Ao usar as receitas, basta substituir os grãos que contêm glúten. Por exemplo, se a receita usar cevada, substitua por arroz integral ou quinoa. Todos os grãos acima estão na lista de alimentos da fase 1.

Suas preferências

Você é do tipo exigente ou é daquelas pessoas que comem qualquer coisa? Os mais exigentes podem não gostar de todas as receitas deste livro e podem também não gostar de todos os itens da lista de alimentos, mas, desde que você siga os mapas específicos de cada fase e coma os alimentos específicos de cada lista (mesmo que só goste de algumas coisas), está tudo bem. Você só precisa comer a quantidade indicada de grãos, proteínas, frutas, vegetais e gorduras de cada refeição em cada fase e jamais pular uma refeição ou lanche. Tirando isso, a escolha dos alimentos é sua.

Talvez você goste de comer a mesma coisa todos os dias. Sem problemas! Mesmo que você coma sempre a mesma coisa no café da manhã da fase 1, são apenas oito cafés da manhã iguais em um mês. Você ainda terá muita variedade. Mas, se você é do tipo que se aborrece facilmente e gosta de estar sempre mudando, também não há problema. Faça alguma coisa nova todos os dias, se preferir assim.

Você não gosta de nenhuma das minhas receitas? (Eu não consigo acreditar, pois realmente acho que são deliciosas.) Faça suas próprias receitas, se preferir. Prometo não ficar ofendida. Desde que você obedeça a tabela de refeições e a lista de alimentos indicada para cada fase, a dieta vai funcionar.

Sua família

Muitos pacientes têm família e precisam cozinhar também para outra(s) pessoa(s). Uma das melhores coisas da Dieta do Metabolismo Rápido é que está cheia de comida de verdade que a maioria das pessoas gosta, por isso é bem provável que sua família coma o que você estiver comendo. Muitas das receitas deste livro rendem quatro ou seis porções. Por isso, se você tem uma família para alimentar, compartilhe sua deliciosa refeição. Trata-se de alimentação saudável para qualquer pessoa — homens, mulheres ou crianças. Meus filhos adoram as receitas deste livro e experimentavam tudo enquanto eu as criava.

Mas, se você souber que sua família não vai gostar do que estiver comendo, não deixe para fazer tudo em cima da hora. Faça como muitos dos meus pacientes (e eu): passe um dia cozinhando para deixar tudo pronto para todas as semanas. Pela maneira como esta dieta está organizada, é fácil preparar refeições para quatro semanas de cada vez. Divida tudo em porções, guarde tudo em potes apropriados marcando as fases corretamente e guarde tudo no freezer. Depois você pode preparar o jantar da família, e, se não for adequado à sua fase, tudo o que precisa fazer é descongelar sua refeição.

Seu estilo pessoal

Algumas pessoas adoram cozinhar, e outras preferem passar longe da cozinha. A Dieta do Metabolismo Rápido é ideal para as pessoas que gostam de cozinhar, porque as receitas são interessantes (e fáceis), saborosas e divertidas de fazer. Se você não gosta de cozinhar, odeia ou tem medo de qualquer receita que a obrigue a isso, então precisamos conversar.

Uma das coisas mais importantes para colocar seu organismo de volta nos eixos e queimar gordura novamente é voltar a comer comida de verdade. Você lembra como é — aquelas coisas que ficam no balcão do açougueiro, nas prateleiras dos supermercados, e não embaladas no setor de congelados. Comer comida de verdade é muito importante para o processo de recuperação que precisamos realizar. Eu realmente quero que você me dê um voto de confiança e tente cozinhar.

A grande notícia é que não precisa cozinhar tanto assim. As receitas deste livro rendem muito e são elaboradas para que você possa preparar uma refeição e depois guardar no freezer muitas refeições adicionais. (Não esqueça de etiquetar por fase e guardar no freezer.) Depois, quando voltar a essa fase, tudo o que precisa fazer é tirar o pote do freezer, aquecer e *voilà*! Comida pronta feita em casa e cheia de nutrientes, como pede este programa.

Goste ou não de cozinhar, o preparo antecipado de todas as refeições vai lhe poupar muito tempo e trabalho. Eu utilizo meu freezer, minha panela elétrica e uma panela grande. Às vezes preparo ao mesmo tempo quatro receitas. É um jeito gostoso de passar o domingo, se você gostar de cozinhar como eu. Mas, se não gostar, posso garantir que estas receitas são fáceis. Nenhuma técnica extravagante. Em geral, basta picar algumas coisas e colocar tudo em uma panela grande ou panela elétrica e deixar cozinhar até ficar pronto. Além disso, você pode se consolar sabendo que não precisará cozinhar mais nada nas semanas seguintes.

A primeira semana é a que dá mais trabalho, mas eu repito: você não terá trabalho nas semanas seguintes. Alguns pacientes gostam de deixar tudo pronto para os 28 dias, o que não é tão difícil. Você também pode cozinhar quando tiver tempo e aproveitar as sobras. (Você só precisa ficar atento para o caso de alguém da família atacar seu freezer, pois a comida é muito saborosa — isso acontece muito comigo.)

DICA

Uma das formas de facilitar ainda mais o trabalho é comer a mesma coisa na primeira e terceira semanas, e na segunda e quarta semanas. Isso garante muita variedade, mantendo o trabalho de cozinhar mínimo. Tire um dia para preparar todas as refeições da primeira semana e congele para usar na terceira semana. Depois tire outro dia para preparar as refeições da segunda semana e congele para usar na quarta semana. Essa é uma maneira eficiente de garantir que você sempre tenha algo de bom para comer. (E, quando você chegar à terceira semana, entenderá por que essa ideia é tão boa. Você estará com uma aparência ótima e poderá sentir a tentação de desviar do plano. Se as refeições já estiverem prontas, você se sentirá motivado a se manter na linha.)

É bom saber que você não precisa cozinhar com antecedência. Se você adora cozinhar e tem tempo para preparar todas as refeições no dia, faça isso! Mas o tempo pode ser um problema, mesmo para aquelas pessoas que gostam de cozinhar. Por isso, repito: faça tudo de acordo com suas preferências e necessidades. Se não quiser, não precisa preparar uma porção de refeições de uma vez. Se tiver tempo para preparar o jantar, faça um cozido de frango. Faça bastante, aprecie a comida e congele as sobras. Pense sempre em facilitar outras refeições. Faça de uma maneira que funcione para você. Mas não tenha medo de cozinhar. Isso é fundamental para sua saúde e para as mudanças metabólicas que desejamos provocar. Você consegue!

Cozinhar é um pequeno preço a pagar para ter saúde e o corpo dos seus sonhos. A comida feita em casa é a mais nutritiva, alimenta seu organismo com aquilo de que ele precisa para funcionar melhor. E também é preciso considerar o efeito agradável de ver que você e sua família se sentem alimentados e saudáveis. Por isso, arregace as mangas e comece a cozinhar, independentemente do seu estilo!

Bom para o orçamento

O preparo antecipado e o congelamento das refeições são bons para o orçamento, mas existem outras maneiras de melhorar ainda mais esse aspecto da Dieta do Metabolismo Rápido. Em vez de variar constantemente as refeições e lanches, o que exige a compra de muita coisa diferente para usar apenas uma parte, alguns dos meus pacientes preferem se limitar a um ou dois tipos de refeições e lanches durante os 28 dias. Compre tudo de uma vez: oleaginosas, sementes ou cereais. Prepare uma grande panela de cozido para várias refeições em cada semana. Se você não se importar com a repetição, vai economizar muito dinheiro e não desperdiçará comida.

Seu nível de atividade

Por fim, vamos falar dos exercícios. A Dieta do Metabolismo Rápido inclui três dias de exercício por semana:

- Um dia de exercício cardiovascular na fase 1
- Um dia de musculação na fase 2 Um dia de ioga, alongamento ou respiração profunda na fase 3

Isso significa que você pode fazer esteira ou bicicleta na fase 1, musculação na fase 2 e aulas de ioga na fase 3. Se não frequenta academia, pode fazer uma caminhada acelerada ou correr durante a fase 1. Na fase 2, pode levantar peso em casa, mesmo que tenha apenas um par de pesos. Na terceira fase, você pode acompanhar um vídeo de ioga ou alongamento e usar como referência os vídeos de respiração profunda da internet. Os exercícios também são específicos para cada fase, assim como a lista de alimentos por fase.

Se você não tem feito nenhum tipo de exercício, os três dias são suficientes.

E se você for fanático por exercícios? Já tive pacientes que disseram: "Mas eu faço aula de bicicleta todos os dias!".

E eu respondo: "Não nos próximos 28 dias!".

Estamos programados para acreditar que, quanto mais exercícios fizermos, mais rápido vamos emagrecer. Mas a própria natureza dos exercícios consiste em desmontar os músculos e depois usar os recursos do organismo para recuperá-los. Estou sendo avarenta com seus recursos; quero que você canalize toda essa energia para a recuperação do metabolismo, mantendo a energias dos alimentos para que isso aconteça.

Se você se exercita todos os dias e não se sente bem se não fizer seus exercícios, então faça-os de acordo com o plano. Mas você precisa adequar o exercício à sua fase. Pode fazer exercício cardiovascular, mas apenas na fase 1. Isso representa dois dias de exercícios por semana, incluindo bicicleta, aeróbica, dança, corrida ou os aparelhos da academia, como esteira e elíptico. São apenas 28 dias, e dois dias por semana de cardiovasculares quando você está consumindo alimentos ricos em carboidratos e açúcar são suficientes para manter seu nível de condicionamento.

Você pode levantar pesos em dois dias da semana, também, mas apenas na fase 2. Faça exercícios com pesos para os braços em um dia e peso com as pernas no outro, se quiser levantar peso nos dois dias.

Na fase 3, você pode fazer ioga nos três dias, se quiser. Como eu disse antes, um dia é suficiente. Mas, se você precisa de mais, precisa ser aula de ioga ou alongamento. Além disso, procure terminar a atividade com um longo período de relaxamento, o que inclui respiração profunda, para acalmar o corpo. Quando terminarem os 28 dias, você pode retomar sua rotina de exercícios. Mas lembre-se de que os exercícios deixam o corpo estressado. Observe como está se sentindo durante os exercícios e cuide-se. Faça o suficiente para ajudar, mas não demais, para não se machucar.

Personalizando e montando sua própria tabela de refeições

Alguns pacientes gostam de seguir uma tabela de refeições, ponto. É por isso que nos próximos capítulos apresento uma tabela de refeições para cada uma das quatro semanas da Dieta do Metabolismo Rápido. Mas para alguns pacientes uma abordagem mais personalizada é melhor. Por isso eu também gosto de sugerir uma tabela que as pessoas possam preencher da maneira que desejarem.

A tabela de refeições será seu guia para manter seu dia sob controle, como o horário de acordar, o número da fase em que você está e o que você vai comer. Sua tabela personalizada permitirá que você complete com as coisas que gosta de comer, porém mantendo-se em cada uma das fases. Use a lista de alimentos especifica para cada fase do capítulo anterior ou veja a lista geral no final do livro para decidir com antecedência o que você vai comer. Assim, quando a semana começar, terá tudo de que precisa e saberá exatamente o que comer.

Em minhas consultas, ajudo meus pacientes a fazer isso. Preenchemos as tabelas de acordo com as preferências de cada um. Gosto de perguntar: "O que você mais gosta de comer?". Eles marcam tudo o que mais gostam na lista de alimentos de cada fase e fazem um círculo em torno daquilo que gostariam de experimentar. Depois riscam as coisas que não gostam.

A seguir preenchemos as tabelas de refeições. Gosto de anotar com lápis e começar sempre pelos lanches. Depois escolhemos os ingredientes do café da manhã e do jantar. Em seguida, pensamos no almoço, porque sempre podemos aproveitar sobras do café da manhã ou do jantar — como a sobra do peito de peru do café da manhã na salada do almoço ou uma sobra do filé do jantar no wrap de alface do dia seguinte.

Obrigatório: lanches estratégicos!

As pessoas costumam se esquecer dos lanches, mas eles são absolutamente fundamentais para o sucesso deste programa. Os lanches funcionam como gravetos que mantêm aceso o fogo da fogueira metabólica, de forma que o organismo possa digerir e metabolizar as refeições. Os lanches são inseridos e escolhidos estrategicamente, para provocar respostas neuroquímicas, bioquímicas, fisiológicas e metabólicas específicas. Não podem ser esquecidos e precisam estar de acordo com cada fase. Uma das formas mais fáceis de fazer os lanches é ter sempre à mão as barras e os shakes indicados.

A seguir, proponho uma tabela para que você preencha de maneira personalizada, de acordo com as sugestões da Dieta do Metabolismo Rápido. No início de cada semana, você deverá:

1. Anotar os lanches da semana inteira.
2. Anotar o café da manhã da semana inteira.
3. Anotar o jantar da semana inteira.
4. Anotar o almoço da semana inteira, usando todas as sobras da fase apropriada.

TABELA RESUMIDA DE REFEIÇÕES DA SEMANA

	FASE 1		FASE 2			FASE 3	
	SEGUNDA	TERÇA	QUARTA	QUINTA	SEXTA	SÁBADO	DOMINGO
ACORDAR	Horário: ___	Horário: ___	Horário: ___	Horário: ___	Horário: ___	Horário: ___	Horário: ___
PESO	___	___	___	___	___	___	___
CAFÉ	Horário: ___	Horário: ___	Horário: ___	Horário: ___	Horário: ___	Horário: ___	Horário: ___
LANCHE	Horário: ___	Horário: ___	Horário: ___	Horário: ___	Horário: ___	Horário: ___	Horário: ___
ALMOÇO	Horário: ___	Horário: ___	Horário: ___	Horário: ___	Horário: ___	Horário: ___	Horário: ___
LANCHE	Horário: ___	Horário: ___	Horário: ___	Horário: ___	Horário: ___	Horário: ___	Horário: ___
JANTAR	Horário: ___	Horário: ___	Horário: ___	Horário: ___	Horário: ___	Horário: ___	Horário: ___
EXERCÍCIO							
ÁGUA							

TABELA DE REFEIÇÕES DA FASE 1 – RELAXAR

ACORDAR	PESO	CAFÉ	LANCHE	ALMOÇO	LANCHE	JANTAR	EXERCÍCIO	ÁGUA
Horário: ____ __________ SEGUNDA	______	Horário: ____ __________ Grão F1 Fruta F1	Horário: ____ __________ Fruta F1	Horário: ____ __________ Grão F1 Proteína F1 Fruta F1 Vegetal F1	Horário: ____ __________ Fruta F1	Horário: ____ __________ Grão F1 Vegetal F1 Proteína F1		
Horário: ____ __________ TERÇA	______	Horário: ____ __________ Grão F1 Fruta F1	Horário: ____ __________ Fruta F1	Horário: ____ __________ Grão F1 Proteína F1 Fruta F1 Vegetal F1	Horário: ____ __________ Fruta F1	Horário: ____ __________ Grão F1 Vegetal F1 Proteína F1		

TABELA DE REFEIÇÕES DA FASE 2 – DESTRAVAR

ACORDAR	PESO	CAFÉ	LANCHE	ALMOÇO	LANCHE	JANTAR	EXERCÍCIO	ÁGUA
Horário: ____ ______ QUARTA	______	Horário: ____ ______ Proteína F2 Vegetal F2	Horário: ____ ______ Proteína F2	Horário: ____ ______ Proteína F2 Vegetal F2	Horário: ____ ______ Proteína F2	Horário: ____ ______ Proteína F2 Vegetal F2		
Horário: ____ ______ QUINTA	______	Horário: ____ ______ Proteína F2 Vegetal F2	Horário: ____ ______ Proteína F2	Horário: ____ ______ Proteína F2 Vegetal F2	Horário: ____ ______ Proteína F2	Horário: ____ ______ Proteína F2 Vegetal F2		

TABELA DE REFEIÇÕES DA FASE 3 – LIBERAR A QUEIMA

ACORDAR	PESO	CAFÉ	LANCHE	ALMOÇO	LANCHE	JANTAR	EXERCÍCIO	ÁGUA
Horário: ___ ______ SEXTA	_____	Horário: ____ ______ Fruta F3 Gordura saudável/ Proteína F3 Grão F3 Vegetal F3	Horário: ____ ______ Vegetal F3 Gordura saudável/ Proteína F3	Horário: ____ ______ Gordura saudável/ Proteína F3 Vegetal F3 Fruta F3	Horário: ____ ______ Vegetal F3 Gordura saudável/ Proteína F3	Horário: ____ ______ Gordura saudável/ Proteína F3 Vegetal F3 Grão F3 (opcional)		
Horário: ___ ______ SÁBADO	_____	Horário: ____ ______ Fruta F3 Gordura saudável/ Proteína F3 Grão F3 Vegetal F3	Horário: ____ ______ Vegetal F3 Gordura saudável/ Proteína F3	Horário: ____ ______ Gordura saudável/ Proteína F3 Vegetal F3 Fruta F3	Horário: ____ ______ Gordura saudável/ Proteína F3 Vegetal F3	Horário: ____ ______ Vegetal F3 Gordura saudável/ Proteína F3		
Horário: ___ ______ DOMINGO	_____	Horário: ____ ______ Fruta F3 Gordura saudável/ Proteína F3 Grão F3 Vegetal F3	Horário: ____ ______ Vegetal F3 Gordura saudável/ Proteína F3	Horário: ____ ______ Gordura saudável/ Proteína F3 Vegetal F3 Fruta F3	Horário: ____ ______ Vegetal F3 Gordura saudável/ Proteína F3	Horário: ____ ______ Gordura saudável/ Proteína F3 Vegetal F3 Grão F3 (opcional)		

Acabou. Não foi divertido? Fazendo isso, você cria sua própria dieta baseada no seu estilo de vida e no que você gosta de comer.

O segredo do sucesso da dieta do Metabolismo Rápido está em conhecer as regras, conhecer a si mesmo e planejar com antecedência. Reserve um tempo para cozinhar com antecedência, guarde as porções em potes no freezer e assuma o compromisso. Organize a dieta de acordo com o que você é e o que faz e prepare-se para se sentir melhor do que jamais se sentiu.

Antes de você virar a página

Os quatro capítulos a seguir foram elaborados para orientá-lo a enfrentar obstáculos e armadilhas emocionais que podem surgir ao longo do caminho nas próximas quatro semanas, além de mostrar tabelas de refeições ideais para aqueles que não querem elaborar suas próprias tabelas. Descobri, depois de muitos anos de experiência, que cada semana tem características únicas no que diz respeito à vivência e aos sentimentos. Vamos dar uma olhada nesse panorama e ver o que pode ser feito para que seu corpo e seu cérebro continuem alimentados, e que seu metabolismo se mantenha funcionando durante todo o processo.

Parte III

Fabulosos em quatro semanas

CAPÍTULO 6

PRIMEIRA SEMANA: LIBERTAÇÃO

Bem-vindo à primeira semana! Vamos passear com seu corpo pelas três fases da Dieta do Metabolismo Rápido. Você ficará na fase 1 por dois dias, na fase 2 por dois dias e na fase 3 por três dias. Você vai comer muita coisa boa. Talvez não goste de tudo, mas nesta semana vai descobrir o que gosta e o que não gosta em cada fase. Vai aprender muito.

Sei que está entusiasmado para começar e estou preparada para mostrar tudo, para guiá-lo em cada passo do caminho. Neste capítulo, você vai preencher sua primeira tabela oficial com as refeições e os lanches que deve comer nesta semana. Ou, se quiser apenas que eu lhe diga o que comer, pode ir para a tabela de refeições ideais da primeira semana que já preparei (p. 150-52). Sinto que alguns dos meus pacientes gostam que eu lhes diga exatamente o que comer, enquanto outros gostam de escolher eles mesmos. Em qualquer caso, você terá os instrumentos.

Então vamos falar sobre a primeira semana, que gosto de chamar de "semana da queda livre".

Semana de libertação — o que esperar; o que você talvez sinta

A primeira semana é estimulante, mas por ser tão diferente também pode ser confusa e um pouco assustadora. Lembre-se de que eu quero confundir seu metabolismo, mas não quero confundir você. Ao iniciar o plano, no entanto, você vai passar por uma série de mudanças e precisará se adaptar a essa nova forma de comer.

Além disso, deverá fazer as pazes com seus velhos demônios alimentares. Enquanto você se prepara para começar a dieta, eles podem tentar colocar as manguinhas de fora. Suas antigas obsessões com contagem de calorias ou carboidratos, seu medo de frutas, carne ou gordura, seus fracassos anteriores — tudo isso pode voltar. Ouça o que eu digo: eles não são bem-vindos. Bata a porta na cara dos convidados não desejados e liberte-se, aproveite a festa. Quero que entenda o que está acontecendo e saiba que não está sozinho nesta jornada.

Aqui estão algumas das coisas que ouço meus pacientes dizer antes de começarem a primeira semana:

- Não vou conseguir emagrecer com todos esses carboidratos.
- Já emagreci com a Dieta XYZ, e isto não tem nada a ver com a Dieta XYZ.
- Não consigo fazer dieta. Não tenho força de vontade suficiente.
- Tenho medo de não gostar da comida!
- E se eu comer demais para que funcione?
- E se eu não emagrecer na primeira semana?

E se? E se? E se???!

Encontro muitos céticos no início, por isso a coisa mais importante que peço às pessoas na primeira semana é que confiem. Esqueça as ideias preconcebidas e as experiências anteriores. Deixe de se preocupar tanto com a maneira como você acha que seu corpo vai reagir ou não. Você não sabe o que vai acontecer. Você ainda nem começou. Vou lhe pedir para se soltar, permita-se mergulhar de cabeça. Reconheça quanto está pedindo do seu corpo. Repare na mudança de paradigmas, mas não fique nervoso ou preocupado. Encare o plano com naturalidade. Sim, é um pouco assustador, mas preciso que confie e se comprometa, mesmo que não saiba exatamente o que esperar. Mesmo que esteja nervoso ou um pouco assustado.

Acredite

Acredito piamente em afirmações positivas. Nesta semana, antes mesmo de começar, visualize você mesmo emagrecendo, estabelecendo objetivos, mas sem se importar demais com os números. Concentre-se na recuperação que está ocorrendo e nas mudanças que consegue detectar em seu corpo. Vamos exigir muito do seu organismo, metabolicamente. Vamos pedir ao seu corpo que se jogue e preste atenção. Não é apenas uma mudança de paradigma emocional e mental, mas uma grande mudança de paradigma metabólico, por isso os sucessos e os fracassos do passado não têm nada a ver como o que você está fazendo. É uma história completamente diferente.

Muito de muito

Também costumo avisar meus pacientes que na primeira semana terão de se acostumar a ter muito de muito. Quer dizer, há dias em que você vai consumir muita fruta. Em outros, muita proteína. Há dias em que você vai consumir muitos vegetais. Em outros, muita gordura. Esse "muito" visa enriquecer o corpo, dando-lhe os nutrientes de que necessita para poder fazer coisas como músculos, ossos, cabelos, pele e unhas. Não se esqueça de que nosso principal objetivo é transformar o metabolismo para podermos extrair os nutrientes dos alimentos e usá-los para estabilizar os hormônios e a saúde geral.

Dito isso, é bem provável que você perceba uma boa perda de peso nesta primeira semana. A maioria dos meus pacientes costuma perder entre 230 g e 450 g por dia e às vezes um pouco mais. Isso pode parecer assustador. Algumas pessoas se perguntam se as coisas estão indo muito depressa, se estão queimando músculo em vez de gordura. Outras ficam impacientes, achando que tudo está meio devagar, ou têm medo de que não esteja dando certo.

Tudo bem, é até bom ser um pouco passivo nesta semana. Não tente entender demais as coisas. Não se preocupe muito com números. Concentre sua energia e atitude para entrar no ritmo das fases e se entender com a lista de produtos. Preste atenção às diferenças entre os alimentos de cada fase. Observe quais são os alimentos de que mais gosta e sublinhe-os. Tome nota. Participe da recuperação da sua própria saúde. Você está apenas começando a pegar o jeito, por isso concentre-se mentalmente, mas não fique ansioso.

Se você seguir as regras que estabeleci e confiar na dieta, o resto vai funcionar sozinho.

Com o correr da semana, meus pacientes fazem comentários mais positivos, principalmente em relação aos alimentos. Coisas do tipo:

"Tinha esquecido do quanto gosto de manga";

"Não me tire os biscoitos de arroz nunca mais. Não acredito que posso comer isso";

"Adoro essa fase do filé-mignon!";

"O curry de coco é meu favorito".

Se não gostar de alguma coisa, não se preocupe. Não precisa comer de novo. Não se prenda ao que não gosta. Você comprou pasta de amêndoa e percebeu que não gosta e agora está nervoso porque gastou dinheiro para comprar um pote grande que não vai comer. Esqueça. Você está aprendendo. E há muitas pessoas que gostam de pasta de amêndoa. Dê para um amigo. Lembre-se de que os hormônios do estresse aumentam o armazenamento de gordura. Então esqueça...

Concentre-se nas coisas que lhe parecem realmente deliciosas — como as frutas são boas e como você se sente bem depois de comê-las. Concentre-se no luxo de um bom corte de carne ou em lambuzar tudo o que você tem no prato com abacate. Lembre-se de que os cinco principais elementos precisam de você e desses alimentos para se reparar e se recuperar. Você pode fazer isso! E estou muito orgulhosa de você por alimentar seu metabolismo.

Isto é apenas o começo. Será uma mudança de vida.

Não se esqueça de fazer os exercícios apropriados para cada fase

Durante a fase 1, faça pelo menos um dia de cardiovascular moderado ou leve.

Na fase 2, pelo menos um dia de pesos.

Já na fase 3, faça ao menos um dia de atividade ultrarrelaxante, como ioga, uma caminhada ao ar livre em um dia bonito ou uma massagem. Na verdade, sugiro que você marque uma massagem na fase 3 da primeira semana para ajudar a acalmar seu corpo e prepará-lo para a nova rotina.

O que comer nesta semana: Tabela de refeições diárias da primeira semana

Quando atendo os pacientes em minha sala, criamos a tabela de refeições para que saibam exatamente o que comer a qualquer momento. Esse planejamento facilita o acompanhamento do programa. Por isso criei uma tabela de refeições para você. A tabela já está preenchida, mas você pode trocar as refeições da mesma fase ou substituí-las. Desde que consuma os alimentos da lista de cada fase e as porções estejam corretas, você pode adaptá-la de acordo com suas necessidades. (Na p. 135, no item "Personalizando e montando sua própria tabela de refeições", estão as instruções passo a passo para que você faça sua própria tabela.)

Veja que cada uma das fases está destacada. Você encontrará sugestões para a refeição especificada em cada coluna. As receitas do final do livro também foram marcadas com o número da fase correspondente.

Lembre-se de que você precisará cozinhar, mas não se preocupe. Sempre que preparar uma receita faça porções extras, etiquete com o número da fase e guarde no freezer. Criei essas tabelas de forma que muitas das receitas aparecem também na tabela "ideal" da terceira semana. Assim, quando isso acontecer, você já terá tudo pronto! Tire proveito do entusiasmo da primeira semana para cozinhar tudo o que for preciso, para o caso de a novidade perder o brilho em uma ou duas semanas.

E não se esqueça: esta é uma tabela para quem pretende perder 9 quilos ou menos. Para cada 9 quilos adicionais que você precisar emagrecer, aumente meia porção. (Por exemplo: se você deve emagrecer 9 quilos, a porção de cozido mexicano é de 2 xícaras. Se precisar perder 18 quilos, a porção é de 3 xícaras.)

TABELA DE REFEIÇÕES IDEAIS DA PRIMEIRA SEMANA: FASE 1 – RELAXAR

ACORDAR	PESO	CAFÉ	LANCHE	ALMOÇO	LANCHE	JANTAR	EXERCÍCIO	ÁGUA
Horário: ____ SEGUNDA	______	Horário: ____ Vitamina de fruta/aveia	Horário: ____ 1 pera asiática	Horário: ____ Sanduíche aberto de peru; 1 laranja	Horário: ____ 2 kiwis	Horário: ____ 2 xícaras de sopa de frango e cevada		
Horário: ____ TERÇA	______	Horário: ____ Rabanada de morango (com pão de grãos germinados)	Horário: ____ 1 maçã	Horário: ____ 2 xícaras de sopa de frango e cevada; kiwi fatiado	Horário: ____ 1 xícara de cubos de melancia	Horário: ____ 2 xícaras de cozido mexicano		

TABELA DE REFEIÇÕES IDEAIS DA PRIMEIRA SEMANA: FASE 2 — DESTRAVAR

ACORDAR	PESO	CAFÉ	LANCHE	ALMOÇO	LANCHE	JANTAR	EXERCÍCIO	ÁGUA
Horário: ___	___	Horário: ___	Horário: ___	Horário: ___	Horário: ___	Horário: ___		
QUARTA		Claras de ovos mexidas	Salmão defumado e pepino	Salada de atum e pepino	30 g a 60 g de carne seca	Wrap de alface com aspargos e carne		
Horário: ___	___	Horário: ___	Horário: ___	Horário: ___	Horário: ___	Horário: ___		
QUINTA		Peito de peru com aipo	Cogumelos recheados	Salada de espinafre e filé	Claras de 3 ovos cozidos, com sal marinho e pimenta	Lombo suíno com pimenta vermelha, 2 xícaras de brócolis		

TABELA DE REFEIÇÕES IDEAIS DA PRIMEIRA SEMANA: FASE 3 — LIBERAR A QUEIMA

ACORDAR	PESO	CAFÉ	LANCHE	ALMOÇO	LANCHE	JANTAR	EXERCÍCIO	ÁGUA
Horário: ____ __________ SEXTA	______	Horário: ____ __________ Mingau de aveia com nozes e frutas vermelhas	Horário: ____ __________ 1/3 de xícara de homus e pepino	Horário: ____ __________ Salada de 3 ovos sobre 2 xícaras de espinafre; mirtilos	Horário: ____ __________ ¼ de xícara de amêndoas	Horário: ____ __________ 2 xícaras de refogado de camarão e vegetais sobre ½ xícara de macarrão de quinoa		
Horário: ____ __________ SÁBADO	______	Horário: ____ __________ Torrada; frutas vermelhas; pasta de oleaginosas; pepino	Horário: ____ __________ ¼ de xícara de pistache	Horário: ____ __________ Refogado de camarão e vegetais, sem o macarrão; ½ grapefruit	Horário: ____ __________ ½ abacate fatiado com sal marinho	Horário: ____ __________ Wrap de alface com abacate e peru		
Horário: ____ __________ DOMINGO	______	Horário: ____ __________ Torrada; ovo; tomate; cebola roxa; ½ abacate	Horário: ____ __________ 1/3 de xícara de homus e pepino	Horário: ____ __________ Salada de atum e endívia; maçã	Horário: ____ __________ Aipo e 2 colheres (sopa) de pasta de amêndoa	Horário: ____ __________ Frango com curry de coco		

Lembre-se de que este plano é *nosso*. As regras são minhas, as preferências são suas. Você pode ser tão criativo quanto desejar, obedecendo às normas. Siga um dos meus planos, ou um plano inteiramente seu. Você está colocando sua saúde em suas próprias mãos, por isso prepare-se e vá! Pense nisso como um quebra-cabeça, um desafio e, acima de tudo, nesta semana, apenas confie. Solte-se, liberte-se. A Dieta do Metabolismo Rápido vai pegar você.

CAPÍTULO 7

SEGUNDA SEMANA: E AGORA?

Você fez uma semana inteira da Dieta do Metabolismo Rápido. Passou pelas três fases, e sei que está se sentindo diferente de uma semana atrás. Agora, bem-vindo à segunda semana.

Faremos seu corpo passar pelas três fases da Dieta do Metabolismo Rápido novamente, mas não será igual à semana anterior, porque este é outro momento no seu ciclo individual de quatro semanas (homens e mulheres). Você está expondo um corpo *diferente* para as três fases, e é aqui que as coisas começam a ficar interessantes! Nesta semana, seu corpo já acalmou as suprarrenais e estimulou o fígado. Seu organismo alimentou a produção de hormônios da tireoide e outros hormônios que queimam gordura, e está começando a mudar sua composição, transformando gordura em combustível e combustível em músculos. E imagine a hipófise toda agitada orquestrando esses acontecimentos gloriosos!

Você emagreceu um pouco, e talvez tenha começado a ver uma luz. Sua incredulidade talvez esteja se aquietando. Neste capítulo, vamos falar desta outra semana, e você terá outra tabela de refeições (se quiser seguir minhas sugestões ou fazer a sua, você decide).

Também quero falar sobre o que vai acontecer nesta fase. Na semana passada, você se soltou. Deu seu voto de confiança. Agora a coisa está ficando real. Costumo dizer que esta é a semana em que dizemos "Ai, meu Deus, está funcionando... E agora?".

Semana “e agora?” — o que esperar; o que você pode sentir

A segunda semana é sempre interessante. Em geral, as pessoas começam a surtar com o que aconteceu e com o que vai acontecer. A segunda semana pode dar a sensação de uma volta na montanha-russa, tanto emocional quanto organizacionalmente. Ai, meu Deus, você nem está no programa há tanto tempo, mas a sensação é incrível! Além disso, você pode estar entusiasmado ou receoso ou mesmo confuso com a forma como seu corpo está reagindo. Você já emagreceu um pouco? Emagreceu demais? Conseguiu abandonar o café e o açúcar refinado e descobriu que nem se lembra de como foi na semana passada? Vamos respirar fundo e deixar o programa nos conduzir. O ritmo aumentará nesta semana, por isso não relute nem invente demais — apenas siga o fluxo. As pessoas costumam reagir a essa sensação de duas maneiras: ou ficam apavoradas com medo de parar de emagrecer e limitam suas porções, ou resolvem dobrá-las, achando que podem roubar e ter a mesma perda de peso.

Muitos pacientes emagrecem bastante na primeira semana e ficam apavorados, com medo de não emagrecer mais. Acham que pode ter sido pura sorte e reagem reduzindo as porções. Diminuem a proteína e os vegetais no jantar, deixando o grão tão importante de fora na fase 1. Ou pulam a fruta no café da manhã da fase 3, achando que comendo menos vão emagrecer mais. Esse raciocínio não poderia ser mais incorreto se estiver tentando aquecer o metabolismo.

O outro tipo de reação é achar que emagreceu demais e que isso talvez não seja saudável. Que é melhor comer mais. Alguns pensam: “Se emagreci tanto fazendo exatamente o que a Haylie diz, então posso comer mais e vai ficar tudo bem, mesmo que não emagreça tanto na segunda semana”. Então começam a trapacear, acrescentando gordura e carboidrato nos lugares e nas fases erradas, até retomarem os velhos hábitos.

Essas duas estratégias vão interromper o processo de emagrecimento.

Tive uma paciente que emagreceu muito na primeira semana. Ela se comportou como um anjo e foi recompensada. Na segunda semana, seu diário mostrou que ela havia tirado várias porções de grãos da sua tabela de refeições da fase 1, além de tirar o abacate da torrada na fase 3.

Até pulou um lanche à tarde porque não estava com fome. Ela pensou: "Se estou indo bem e estou satisfeita, imagine se eu tirasse mais comida?". Então decidiu fazer quatro aulas de spinning e corrida no espaço de cinco dias. Quando nos encontramos no final da segunda semana, ela havia emagrecido apenas 450 g e estava se sentindo em frangalhos. Nem acreditei como foi fácil convencê-la a começar todo o programa novamente — isso mesmo, recomeçamos do zero! Depois disso foram quatro semanas gloriosas, em que ela encontrou muito mais a massagista do que o professor da academia.

Como ela limitou demais a comida e aumentou os exercícios intensos, minha preocupação era que os hormônios da fome estivessem a toda. Se o organismo entra no "modo fome", os hormônios do estresse aumentam. E o que eles fazem? Dizem ao corpo para armazenar gordura, em vez de queimá-la. Por isso, nesta semana seja gentil consigo mesmo e procure não se estressar.

O estresse é um fator importante na segunda semana — e é exatamente por isso que a chamo de "E agora?". As pessoas ficam estressadas por terem conseguido emagrecer, preocupadas com o ritmo do emagrecimento. Ou vão na direção oposta, imaginando que o emagrecimento considerável significa que podem começar a mudar as regras do plano.

É importante entender que o sentimento de culpa e o estresse engordam, mas o sentimento de culpa, por gerar estresse, engorda ainda mais! Por isso faça uma massagem nesta semana, tome um banho com óleo de lavanda, procure fazer seu exercício ao ar livre, na praia ou em um parque, e prepare sua comida, porque será seu porto seguro ao longo do caminho. Tive um paciente que entrou em pânico ao perceber que já tinha comido quase uma pera inteira quando percebeu que estava na fase 2. Não entre em pânico, mas esteja preparado.

Na segunda semana, faça um esforço consciente para se livrar da culpa e do estresse. O estresse provoca respostas hormonais que não queremos neste momento, por isso, se você pular ou misturar as fases, não se estresse. Siga em frente com maior consciência. A melhor coisa que você pode fazer por si mesmo, além de obedecer ao plano, é sentir-se bem em relação ao que está fazendo. Sentir-se forte, poderoso; se cometer um erro, perdoe-se e continue. O sentimento de culpa só agrava qualquer deslize.

Esses sentimentos geralmente são fruto do medo do que aconteceu na semana anterior e da descrença na possibilidade de apreciar a comida e ainda assim emagrecer; ou são causados pela impressão de que tudo foi pura sorte e que uma coisa dessas não pode acontecer de novo na semana seguinte. Às vezes percebo esse tipo de pensamento se instalando já no final da primeira semana.

Preste atenção: *a verdadeira recuperação do metabolismo ocorre quando temos estabilidade e consistência no processo de recuperação.*

Cada fase deste plano é intensa e focada e, por isso, requer muita energia do corpo; é por isso também que elas duram pouco tempo. Se estendermos cada uma das fases por um período mais longo, nosso organismo ficará exausto e não conseguirá realizar o trabalho necessário. É por isso que mudamos de fase. Mas você não pode misturá-las nem começar a improvisar, senão o processo para de funcionar.

A segunda semana é sua chance de controlar o ritmo estabelecido na primeira semana. Certamente não é o momento para começar a mudar nada. Estabilidade e consistência reduzem o estresse em todos os aspectos da sua vida, fisiológica e mentalmente; seu corpo acha certo queimar a gordura, pois não há mais necessidade de armazená-la. Siga as recomendações do programa. Vai dar tudo certo.

Durante a segunda semana, você pode pensar algo como "E agora? Preciso mudar alguma coisa para continuar funcionando" ou "E agora? Preciso mudar alguma coisa para desacelerar este emagrecimento rápido". Pare com isso. Respire fundo, acalme-se. A segunda semana não é o momento para fazer qualquer mudança drástica.

Em vez disso, quero que você comemore suas conquistas da semana anterior e, quem sabe, consiga se abrir para coisas diferentes daquelas que experimentou na primeira semana. Também é um bom momento para pensar no que está acontecendo com o corpo. Se a primeira semana foi respaldada pela confiança, esta semana tem mais a ver com abertura e espírito inquisitivo.

Resista à tendência a uma reação automática quanto ao que aconteceu na primeira semana. Comece a segunda semana com a cabeça aberta. Seu organismo está reagindo a algumas mudanças metabólicas incríveis, por isso você precisa convencê-lo de que: *Sim, nós vamos fazer isto; e sim, temos tudo de que precisamos. Temos frutas, gordura, carboidratos e proteínas suficientes. Não vou fazer você engasgar comendo demais, mas também não vou fazer você passar fome. Teremos o suficiente.* Isso é o que seu corpo precisa sentir, e a melhor maneira de transmitir essa mensagem do cérebro para o metabolismo é manter a calma, prestar atenção e seguir as regras.

Cada exercício tem um propósito

Não se esqueça do exercício apropriado a cada fase! Um dia de cardiovascular leve a moderado na fase 1, mas nesta semana procure se exercitar ao ar livre ou fazer uma aula de dança com algum tipo de música que você goste. Faça pelo menos um dia com pesos na fase 2, puxe ferro para valer, talvez até ouvindo rock nos fones de ouvido, e deixe todo o estresse ou frustração da semana em uma poça de suor na academia. E não se esqueça de fazer pelo menos um dia de atividade ultrarrelaxante na fase 3, como uma aula de ioga ou uma massagem. Se quiser fazer mais alguma coisa, não tem problema. Basta que a atividade seja apropriada à sua fase. Você pode fazer dois dias de exercícios aeróbicos na fase 1, mas não na fase 2 ou 3. Faça o levantamento de peso na fase 2 e atividades para reduzir o estresse na fase 3. Os exercícios elevam o nível de endorfinas, hormônios do bem-estar, e seu treinamento vai estimular, reconstruir e reabastecer cada um dos cinco elementos mais importantes do organismo, além de reequilibrar a conexão cérebro-carne-hormônio.

Aqui está um exemplo de tabela de refeições ideais para a segunda semana. Como sempre você pode fazer suas substituições, desde que elas estejam de acordo com cada fase.

TABELA DE REFEIÇÕES IDEAIS DA SEGUNDA SEMANA: FASE 1 — RELAXAR

ACORDAR	PESO	CAFÉ	LANCHE	ALMOÇO	LANCHE	JANTAR	EXERCÍCIO	ÁGUA
Horário: ____ __________ SEGUNDA	______	Horário: ____ __________ Rabanada com morango	Horário: ____ __________ 2 damascos frescos	Horário: ____ __________ Salada de atum, maçã verde e espinafre	Horário: ____ __________ 1 xícara de melão--cantalupe	Horário: ____ __________ 2 xícaras de linguiça de frango com fusilli integral		
Horário: ____ __________ TERÇA	______	Horário: ____ __________ Vitamina de fruta com aveia	Horário: ____ __________ 1 xícara de fatias de manga	Horário: ____ __________ 2 xícaras de linguiça de frango com fusilli integral; 1 pera asiática	Horário: ____ __________ 1 laranja	Horário: ____ __________ Filé-mignon suíno com brócolis e abacaxi		

TABELA DE REFEIÇÕES IDEAIS DA SEGUNDA SEMANA: FASE 2 — DESTRAVAR

ACORDAR	PESO	CAFÉ	LANCHE	ALMOÇO	LANCHE	JANTAR	EXERCÍCIO	ÁGUA
Horário: ____ ____________ QUARTA	______	Horário: ____ ____________ Claras de ovos mexidas	Horário: ____ ____________ Wrap de rosbife, raiz-forte e pepino	Horário: ____ ____________ Pimentão vermelho recheado com salada de atum	Horário: ____ ____________ 30 g a 60 g de carne-seca	Horário: ____ ____________ Filé com brócolis cozidos no vapor		
Horário: ____ ____________ QUINTA	______	Horário: ____ ____________ Omelete de claras de ovos com cogumelo e espinafre	Horário: ____ ____________ Salmão defumado e pepino	Horário: ____ ____________ Salada de carne e espinafre (use as sobras do jantar)	Horário: ____ ____________ Claras de 3 ovos cozidos com sal e pimenta	Horário: ____ ____________ 2 xícaras de sopa de carne e repolho		

TABELA DE REFEIÇÕES IDEAIS DA SEGUNDA SEMANA: FASE 3 — LIBERAR A QUEIMA

ACORDAR	PESO	CAFÉ	LANCHE	ALMOÇO	LANCHE	JANTAR	EXERCÍCIO	ÁGUA
Horário: ____ ____________ SEXTA	______	Horário: ____ ____________ Torrada com homus e pepino; ½ grapefruit	Horário: ____ ____________ ¼ de xícara de oleaginosas cruas com limão, sal marinho e nabo	Horário: ____ ____________ Salada de atum com endívia; fruta	Horário: ____ ____________ ¼ de xícara de pistache	Horário: ____ ____________ Lombo suíno com alecrim e batata-doce		
Horário: ____ ____________ SÁBADO	______	Horário: ____ ____________ Vitamina de aveia com frutas vermelhas	Horário: ____ ____________ ¼ de xícara de amêndoas	Horário: ____ ____________ Salada de tomate azeitona; fruta	Horário: ____ ____________ ½ abacate fatiado com sal marinho	Horário: ____ ____________ Salmão assado e batata-doce		
Horário: ____ ____________ DOMINGO	______	Horário: ____ ____________ Ovo e torrada com tomate e cebola roxa	Horário: ____ ____________ Aipo e 2 colheres de manteiga de amêndoa	Horário: ____ ____________ Salada de camarão; fruta	Horário: ____ ____________ Homus de batata-doce e pepino	Horário: ____ ____________ Linguado com pecã e coco; patê de alcachofra		

Lembre-se de que você pode ser tão criativo quanto quiser, dentro das regras. Se cozinhar e congelar o suficiente na primeira semana, não precisará cozinhar na semana seguinte, a menos que queira. Antes de fazer as compras, examine o freezer. Planeje suas refeições com base no que já está congelado. Use e inclua o que já estiver pronto na tabela de refeições da semana seguinte.

Você está emagrecendo, e sua aparência está ótima. Você talvez esteja sentindo aquela queima interna, que é a gordura derretendo enquanto a chama do seu metabolismo continua acesa. Queime, queime durante toda a segunda semana.

Lembre-se de que você pode ser tão criativo quanto quiser. Muitas das receitas são de cozinhar e congelar, e se fizer na primeira semana, não precisará cozinhar na semana seguinte, a menos que queira. Antes de fazer as compras, por exemplo, [illegible] fazer. Planeje suas refeições com base no que já está congelado [illegible] e [illegible] o que já estiver pronto na tabela de refeições da semana [illegible].

Você [illegible] consegue [illegible] esta etapa. Você talvez [illegible] sentindo [illegible] sua conduta [illegible] [illegible] [illegible] ainda [illegible].

CAPÍTULO 8

TERCEIRA SEMANA: DO EMAGRECIMENTO À REGULAGEM DO METABOLISMO

Depois de duas semanas da Dieta do Metabolismo Rápido, começa a ficar evidente que você está emagrecendo. Na terceira semana, meus pacientes dizem que finalmente estão começando a entender o que eu tentava dizer desde o início. Perdem o medo e acreditam que podem realmente emagrecer comendo bem. A essa altura você já se sente à vontade com a dieta, sabe o que está fazendo. Encontrou seu ritmo e percebeu que o corpo está reagindo. Esta é uma semana transformadora, porque o paradigma mudou mesmo. Você está acreditando em si mesmo, na sua capacidade de recuperar o metabolismo — e ter um metabolismo rápido.

Esta também é a semana em que meus pacientes dizem que começam a ouvir vários comentários, em que as pessoas se viram para vê-los. Você fica mais confiante, sente-se com mais energia. Na terceira semana, muitos pacientes também dizem ter finalmente reconhecido que emagrecer com a Dieta do Metabolismo Rápido não é uma coisa tão dolorosa. Eles têm uma vida social, podem sair para comer com outras pessoas, não precisam sentir-se isolados. São tantas as opções de comida que fazer a Dieta do Metabolismo Rápido no mundo real é mais fácil do que imaginaram.

Mas... esta semana oferece seu próprio desafio. Já vi acontecer centenas de vezes. Costumo dizer que é a semana da arrogância, ou "Se você acha que estou com uma boa aparência agora, espere até me ver com uma bebida na mão daqui a uma semana".

Você emagreceu 4 quilos, talvez 6, e está pensando: "Até que não é tão difícil. Ainda tenho uma carta na manga. Se fizer alguma besteira, se trapacear um pouco, sempre dá para voltar e emagrecer mais". E aí você começa a trapacear. "Por que não tomar algumas taças de vinho nesta festa?", ou "Vou comer só um pedaço de torta, não é nada demais", ou talvez possa resolver tomar uma xícara de café pela manhã. Seja o que for, você começa a retomar justamente os hábitos que atrapalharam seu metabolismo.

Lembre-se de que meu objetivo é que você não precise passar o resto da vida fazendo dieta. Meu objetivo é recuperar seu metabolismo para que você possa ir a um churrasco, um *bar mitzvah* ou a uma festa de aniversário sem voltar a engordar por estar com um metabolismo lento. Quero que você consiga gozar a vida, aprenda a controlá-la um pouco antes e logo após um grande evento, mantenha seus exercícios de maneira consistente e participe normalmente de todos os eventos sociais, como uma festa ou uma ida a um restaurante.

Mas são necessários 28 dias para chegar lá. Isso é inegociável. Assim, por mais confiante que você esteja se sentindo, por mais divertido que seja, tome cuidado. A terceira semana é perigosa.

Semana "do emagrecimento à regulagem do metabolismo" — o que esperar; o que você talvez sinta

É óbvio que você quer emagrecer. Com a Dieta do Metabolismo Rápido, você vai chegar lá. Mas o que você precisa realmente entender agora, nesta semana, é que seu emagrecimento não é meu principal objetivo. Estou mais interessada em lhe dar um metabolismo rápido e saudável. Estou mais interessada em encontrar um ponto de equilíbrio para que você possa comer e viver de maneira saudável todos os dias, ter uma vida plena em vez de estar sempre de dieta. Se você já emagreceu bastante, ótimo, mas isso não significa que seu metabolismo esteja totalmente recuperado. Ainda não terminamos.

Acontecem duas coisas com a Dieta do Metabolismo Rápido: restauramos seu metabolismo e lhe damos um metabolismo rápido. Essas duas coisas podem acontecer rapidamente, ou o restauro pode demorar um pouco mais, até que o metabolismo fique realmente rápido.

Esse restauro demorado geralmente ocorre na terceira semana e acontece principalmente com as pessoas que fizeram dietas com pouco carboidrato por muito tempo. Tive uma paciente que não comia frutas nem grãos havia anos. Não comia nem arroz integral, apenas carne, frango, peixe e legumes. Quando veio me ver pela primeira vez, ficou bastante preocupada. Disse que não poderia comer nada daquilo. "Só de olhar para uma torrada engordo 1 quilo", ela disse. O que aconteceu com ela é bastante comum entre as pessoas que fazem dieta pobre em carboidratos por muito tempo: tornam-se intolerantes ao carboidrato e realmente engordam com pequenas quantidades.

Nas duas primeiras semanas, ela emagreceu muito pouco e ficou preocupada. Mas eu disse que ela estava comendo bastante carboidrato sem engordar. Esse era o estágio da reparação. Seu corpo estava reaprendendo a usar os nutrientes dos alimentos ricos em carboidratos. Depois que o corpo dela voltou a aprender a comer carboidratos, o emagrecimento começou para valer; mas, antes que seu metabolismo pudesse começar a queimar rapidamente a gordura, ela precisava restaurar o que havia feito em anos de dietas pobres em carboidratos.

Se, nas duas primeiras semanas, você não emagrecer tanto quanto esperava, pense nos carboidratos ricos em nutrientes e na gordura saudável que está ingerindo. Mesmo que você esteja estabilizado, o trabalho de recuperação do metabolismo continua. E quando ocorre a perda de peso? Você não apenas restaura o metabolismo, como o acelera tremendamente. Seu organismo não apenas aprendeu a queimar o que você come, mas também a incinerar a gordura armazenada.

A recuperação do metabolismo não envolve apenas o emagrecimento, mesmo que você emagreça se estiver muito acima do peso. Trata-se de dar ao organismo condições para extrair os nutrientes dos alimentos de forma a ter as reações bioquímicas e fisiológicas normais e apropriadas. Coisas importantes como a liberação saudável dos hormônios sexuais, pele, cabelo e unhas saudáveis, cérebro ativo, prevenção de doenças como diabetes, derrames, ataques cardíacos e câncer do seio. O emagrecimento é apenas um efeito colateral agradável do metabolismo rápido.

É preciso ver o quadro mais amplo. Comemorar seu sucesso, mas sem exageros. Não saia do programa antes de concluir todo o ciclo.

Existem muitas maneiras de comemorar que não envolvem comida, como comprar uma roupa nova ou fazer uma limpeza de pele, ou programar um retiro depois de concluir o ciclo de 28 dias.

Isso é absolutamente crucial: se você trapacear agora, se parar agora, estará repetindo velhos padrões e mantendo o mesmo paradigma. Você sabe qual é. Aquele que norteava sua vida, a prisão da qual estou tentando libertá-lo, da ideia de que você estará sempre fazendo dieta ou de que precisa fazer dieta para entrar na roupa para determinado evento. A ideia de que não consegue mais controlar seu peso e está tão insatisfeito que seria capaz de fazer qualquer coisa. Lembra?

Não quero que você se sinta assim nunca mais. É para isso que precisamos recuperar seu metabolismo. Quando ele estiver a toda, você conseguirá entrar nas roupas que desejar ou ir aos eventos que bem entender. Não quero que você fique insatisfeito com seu corpo, e quero que você coma como uma pessoa normal. Não estamos falando de emagrecimento temporário. Ao longo de todo este programa, você estará aprendendo a redefinir seu metabolismo comendo, em vez de debilitar seu metabolismo com dietas. Agora você está no meio de uma transformação bioquímica, neuroquímica e fisiológica que vai gerar um metabolismo matador.

Às vezes meus pacientes se sentem tentados a parar a dieta nesta semana. É tão importante não fazer isso! Você precisa fazer o ciclo completo de 28 dias na primeira vez. Depois você pode retomar a dieta para manutenção e fazer apenas uma ou duas semanas de cada vez, sem problemas. Muitos pacientes fazem a Dieta do Metabolismo Rápido a cada três meses, para provocar o organismo e fazer com que mantenha o metabolismo acelerado. Essa ativação ocasional do fogo metabólico enriquece o organismo, estimula a absorção de nutrientes e lembra o corpo de transformá-los nas substâncias e estruturas corretas, como músculos, ossos, hormônios e química cerebral de bem-estar. Alguns pacientes fazem a dieta apenas duas vezes por ano, para se lembrar de como é um programa saudável, equilibrado em termos nutricionais. São ideias incríveis, mas você está fazendo o plano de 28 dias, por isso mantenha-se firme.

Ajudo meus pacientes a se preparar para os jogos da NBA, para desfilar no tapete vermelho e para turnês exaustivas. Insisto que obedeçam o programa até a hora certa.

É preciso tomar o máximo de cuidado possível com a recuperação do seu metabolismo. Ainda não é hora de se exibir. Isso só acontecerá 28 dias após o início da Dieta do Metabolismo Rápido. Não estamos falando apenas de reabilitação e recuperação, mas do arranque final para atingir a queima total. Se você largar o programa agora, seu corpo só terá passado pelas três fases durante duas semanas do seu ciclo de 28 dias.

Seu corpo ainda não passou pelo ciclo completo de restauração. Você tira as roupas da máquina de lavar antes do enxágue? Você sai com o carro antes de completar a troca do óleo? Você vira para o médico no meio de uma cirurgia de emergência e lhe diz "Está certo, doutor. Acho que por hoje chega"?

Sofri um acidente de carro muito grave na juventude. Passei anos fazendo fisioterapia, terapia ocupacional e exercícios de fonoaudiologia. Foi muito difícil, mas tive um cirurgião muito bom, que se esforçou para que eu entendesse o quadro mais amplo. Ele havia feito coisas fantásticas na reabilitação de jogadores da NFL e também com jogadores de golfe e de hóquei. Sempre dizia que tinha certeza de que eu estaria bem quando voltasse a campo. Era esse o lema de seu consultório. Assim, eu me imaginava como uma atleta que precisava voltar a jogar. A terapia física não servia apenas para melhorar meus movimentos, mas para que me recuperasse completamente.

Com a Dieta do Metabolismo Rápido acontece a mesma coisa. Não se trata apenas de perder peso. Trata-se de voltar a comer e ter o organismo com o funcionamento metabólico ótimo. Seu objetivo é voltar para o jogo da vida, sair do isolamento das dietas constantes.

Como eu, aquele médico era um sargento. Não havia alternativa; era preciso ser consistente. Firme. Ele não me daria moleza. Eu tinha que cumprir todo o programa para que ele me desse alta.

E eu só vou lhe dar alta após 28 dias. Assim, por melhor que seja sua aparência agora, deixe para tomar aquela bebida mais para a frente. Não descuide agora, pois não terminamos.

Este programa não é daqueles consertos rápidos. A terceira semana é crucial, por isso fique atento, firme; não se esqueça de que o prêmio é um metabolismo rápido e a possibilidade de nunca mais precisar deixar de comer comida de verdade.

Não se esqueça dos exercícios!

Não deixe de continuar com os exercícios apropriados para cada fase: um ou dois dias de cardiovascular moderado na fase 1; um ou dois dias de musculação na fase 2; e de um a três dias de atividade ultrarrelaxante na fase 3. Não é hora de abandonar os exercícios. Você está liberando a gordura em ritmo acelerado, e seu organismo está trabalhando para converter essa gordura em combustível. Você não quer que ela volte a se depositar em outro lugar do seu corpo. Você quer queimá-la ou transformá-la em músculos fazendo exercício. Lembre-se de fazer os exercícios específicos de cada fase durante 28 dias. Isso é obrigatório para ter uma transformação estrutural.

Você precisa se mexer para fazer músculos. Use sua nova energia e confiança para avançar um pouco em cada fase. Você está ficando mais ativo e forte, aprendeu a relaxar; aceite o que está acontecendo. Seu corpo está se transformando diante de você.

O que comer: sua tabela diária de refeições para a terceira semana

Mais uma vez, preparei uma tabela de refeições que lhe mostra exatamente o que comer durante a semana. Lembre-se de que você pode trocar as refeições ou usar algumas das refeições sugeridas, mas sempre da mesma fase. Se preferir, pode comer sobras da primeira semana. Se quiser experimentar pratos novos, ótimo. Desde que se atenha aos alimentos específicos de cada fase e às porções corretas, pode adaptar este plano às suas necessidades.

Este é um bom momento para reler as regras do metabolismo rápido (p. 103). Não ouse trocar as fases! Você está bem, mas não comece a comer como se já tivesse um metabolismo rápido.

Seja forte, porque você está ótimo! Basta mais uma semana. A última semana é fácil. Você está ficando craque. Continue emagrecendo e fazendo um ótimo trabalho.

Perfil do trapaceiro

Uma de minhas pacientes, chamada Layla, emagreceu bastante com a Dieta do Metabolismo Rápido, mas não durante a terceira semana. Em vez disso engordou, exatamente pelos motivos que já apontei. Ela estava com uma aparência ótima e sabia disso. Sentiu que havia saído da crise. E estava muito ocupada. Por isso trapaceou um pouco aqui, outro tanto ali, não tomou muita água, tomou um pouco de vinho, uma sobremesa. Também pulou o almoço na segunda-feira e depois comeu cheesecake no jantar. Diminuiu as frutas nos lanches da fase 1 para compensar (o que não funciona) e comeu cordeiro na fase 2, algo que está na lista da fase 3. Ela parou de emagrecer e até engordou 450 g em um dia.

Layla ainda não estava preparada. Seu metabolismo estava melhorando, mas ainda não estava completamente recuperado. Apesar de estar muito ocupada, deixar de tomar água foi um grande erro. A água é crucial para eliminar as toxinas que estão sendo liberadas com toda a gordura que está sendo queimada. Se você reduzir a ingestão de água na terceira semana, os hormônios das suprarrenais vão sinalizar para que o organismo reduza a perda de peso enquanto tenta lidar com as toxinas que estão sendo liberadas. Você também precisa obedecer às fases durante 28 dias, sem comer mais nem menos. Não pule refeições ou lanches. Não coma nada que não seja da fase até seu corpo estar preparado, e ele ainda não está. Layla retomou o rumo, ignorou a culpa para poder emagrecer e está ótima! Só precisou de mais tempo para chegar aonde queria

Já posso imaginar você tentando convencer seus amigos e colegas de trabalho, mostrando seu lanche e almoço com orgulho. Você não está mais se escondendo e se isolando no mundo das dietas. Gosta de comer e está entusiasmado com o que essa comida pode fazer pelo organismo. Está acontecendo. Você está se tornando uma daquelas pessoas que dizem: “Ah, tenho apenas um metabolismo rápido!”.

TABELA DE REFEIÇÕES IDEAIS DA TERCEIRA SEMANA: FASE 1 — RELAXAR

ACORDAR	PESO	CAFÉ	LANCHE	ALMOÇO	LANCHE	JANTAR	EXERCÍCIO	ÁGUA
Horário: ____ __________ SEGUNDA	______	Horário: ____ __________ Vitamina de manga	Horário: ____ __________ 1 laranja	Horário: ____ __________ Salada de atum com maçã verde e espinafre; 15 biscoitos de arroz	Horário: ____ __________ 1 xícara de romã	Horário: ____ __________ Frango italiano e arroz selvagem		
Horário: ____ __________ TERÇA	______	Horário: ____ __________ Mingau de aveia	Horário: ____ __________ 1 xícara de abacaxi	Horário: ____ __________ Frango italiano e arroz selvagem (sobras)	Horário: ____ __________ 1 laranja	Horário: ____ __________ Cozido mexicano de peru		

TABELA DE REFEIÇÕES IDEAIS DA TERCEIRA SEMANA: FASE 2 — DESTRAVAR

ACORDAR	PESO	CAFÉ	LANCHE	ALMOÇO	LANCHE	JANTAR	EXERCÍCIO	ÁGUA
Horário: ____ ________ QUARTA	______	Horário: ____ ________ Claras de ovos mexidas	Horário: ____ ________ Carne-seca de peru	Horário: ____ ________ Wrap de alface com rosbife e mostarda	Horário: ____ ________ ½ porção de salada de atum e pepino	Horário: ____ ________ Linguado grelhados com brócolis		
Horário: ____ ________ QUINTA	______	Horário: ____ ________ Omelete de claras de ovos, cogumelos e espinafre	Horário: ____ ________ ½ porção de salada de atum e pepino (sobras)	Horário: ____ ________ Salada de espinafre com as sobras do linguado com coentro e suco de limão	Horário: ____ ________ Fatias de rosbife e pepino fatiado	Horário: ____ ________ Lombo suíno com pimenta vermelha		

TABELA DE REFEIÇÕES IDEAIS DA TERCEIRA SEMANA:
FASE 3 — LIBERAR A QUEIMA

ACORDAR	PESO	CAFÉ	LANCHE	ALMOÇO	LANCHE	JANTAR	EXERCÍCIO	ÁGUA
Horário: ___ _______ SEXTA	______	Horário: ____ _______ Torrada de grãos germinados com manteiga de amêndoas e frutas vermelhas	Horário: ____ _______ 60 g de camarão com pedaços de limão	Horário: ____ _______ Salada de 3 ovos com tomate; framboesa	Horário: ____ _______ ¼ de xícara de amêndoas cruas	Horário: ____ _______ Refogado de camarão com vegetais		
Horário: ___ _______ SÁBADO	______	Horário: ____ _______ Vitamina de aveia com frutas vermelhas	Horário: ____ _______ ½ abacate com sal marinho	Horário: ____ _______ Salada de atum com endívia; pêssego	Horário: ____ _______ Salada com três ovos	Horário: ____ _______ Frango com curry de coco		
Horário: ___ _______ DOMINGO	______	Horário: ____ _______ Aipo com manteiga de amêndoa e chips de alfarroba	Horário: ____ _______ Salada com três ovos	Horário: ____ _______ Frango com curry de coco (sobras)	Horário: ____ _______ ¼ de xícara de amêndoas cruas	Horário: ____ _______ Refogado de frango com gergelim		

CAPÍTULO 9

QUARTA SEMANA: MANTENHA-SE FIRME

Estou muito orgulhosa de você. Chegamos à quarta semana. Você passou a comer não apenas de forma diferente, mas também a pensar na comida de forma diferente. Para muitas pessoas, essa é uma grande transição. Você conseguiu! Aqui estamos, na última semana.

Este é o momento de olhar para trás e ver tudo o que você fez nos últimos 21 dias. Se você criou suas próprias tabelas ou seguiu as tabelas de refeições que sugeri, dê uma olhada e note o que funcionou. Você aumentou as porções de espinafre e de brócolis na fase 2, e isso foi bom para se sentir mais satisfeito e perder mais peso? Você percebeu que ficou mais satisfeito com a rabanada da fase 1 do que com a torrada com fruta? Sentiu que o mingau de aveia ou o cozido mexicano lhe proporcionaram uma sensação de conforto?

Quais são os segredos do seu sucesso até aqui? Vamos examinar as coisas que você adorou, que diminuíram o nível de hormônios do estresse e fizeram com que você se sentisse bem.

Então mantenha-se firme.

Esta é a semana para fazer isso. Seja perfeito. Seja forte. Seja incrível. Faça todas as fases corretamente. Faça todos os exercícios apropriadamente. Conclua o processo de restauração e coloque fogo no seu metabolismo.

Esta também é uma boa semana para fazer tudo o que você queria, mas ainda não fez: veja o capítulo de receitas e experimente coisas diferentes. Faça-as! (Ou fique com as sobras de suas refeições preferidas das semanas anteriores, se for mais fácil.) Se ainda não fez nenhum tipo de exercício (uma aula de meditação ou um seminário de respiração profunda?), vá atrás! Em geral, meus pacientes dizem que a quarta semana é bastante tranquila. Percebem que estão chegando perto do fim, sentem-se bem com a perda de peso e querem continuar firmes.

Você tem usado os alimentos como remédio para melhorar a saúde e bem-estar, por isso deve estar se sentindo muito bem, equilibrado e estável, no controle de seus desejos, mais forte e mais leve, e melhor do que quatro semanas atrás. Faça com que esta última semana seja a melhor de todas e aprecie o trabalho incrível feito até aqui.

Semana "mantenha-se firme" — o que esperar; o que você talvez sinta

Você está entrando na última semana do seu ciclo pessoal de quatro semanas, e última semana da Dieta do Metabolismo Rápido. Para seu corpo, cada uma dessas quatro semanas é uma experiência completamente nova, porque você se encontra em um ponto diferente em termos metabólicos. Você passa por diferentes estágios de reparação e reconstrução, e, cada vez que passa por cada uma das três fases, seu corpo está mais saudável. Porém, mesmo que esteja feliz com seu emagrecimento, você ainda precisa se lembrar de que o organismo ainda não está inteiramente recuperado. Você está muito perto, mas não vai querer parar antes de cruzar a reta final.

Pense muito nos princípios durante esta semana. Siga exatamente a tabela de refeições e a lista de alimentos, mesmo que esteja sonhando com um copo de vinho ou uma sobremesa na próxima semana. Esta é a última semana para acelerar o metabolismo. Nada de colocar madeira úmida na fogueira.

Mantenha-se firme

O exercício é como fluido para acender o fogo metabólico. É a diferença entre acender o fogo com um fósforo e fluido. Todos nós já vimos como é mais fácil utilizar o fluido. Por isso, mantenha-se firme e faça um ou dois dias de cardiovascular moderado na fase 1, um ou dois dias de musculação pesada na fase 2 e de um a três dias de atividade ultrarrelaxante na fase 3, como uma aula de ioga, ou uma caminhada ao ar livre, ou uma massagem. Pense se não gostaria de manter esse ritmo de atividade, mesmo depois de terminar a Dieta do Metabolismo Rápido. Um pouco de cardiovascular, um pouco de musculação e um pouco de atividade para reduzir o estresse todas as semanas é fundamental para continuar saudável. Digo sempre aos meus pacientes que se eu pudesse engarrafar um produto para proporcionar a eles os mesmos benefícios proporcionados pelo exercício e pelas atividades que reduzem o estresse, eu seria bilionária e iríamos todos celebrar no meu iate.

O que comer: sua tabela de refeições para a quarta semana

Você vai sentir falta das minhas sugestões sobre o que você deve comer, não vai? Bem, pela última vez, preparei uma tabela com todas as refeições. Lembre-se de que você pode trocar as refeições da mesma fase ou aproveitar apenas algumas das sugestões. Este não é o momento para usar sua criatividade em relação às regras ou trocar as fases. Vamos combinar que não somos crianças nem idiotas, e estou aqui para proibir que você se desvie da meta. Nós sabemos que você precisa, que você quer, que você merece isso. Portanto, não quebre as regras. Em vez disso mantenha-se firme, seja forte. Enquanto estiver no processo de concluir a última semana, quero que comece a pensar no que vai acontecer depois que terminar a dieta. Falarei mais a respeito disso no capítulo 10, mas lá pela quarta-feira desta semana você estará pensando: "E agora, o que vou fazer na semana que vem? Acabou". Esta pode ser uma transição importante, por isso quero que você comece a planejar seu futuro.

Apesar de alguns aspectos do metabolismo terem componentes genéticos, o metabolismo lento é, na maioria dos casos, resultado da maneira como se vive. Então, como era sua vida? Qual é a diferença em relação à sua vida nos últimos 28 dias? O que você aprendeu nas últimas quatro semanas sobre a maneira como seu corpo quer realmente viver? O que é capaz de criar o melhor ambiente para seu corpo, seu metabolismo e seu bem-estar geral?

Se você se sente melhor, mais limpo, com mais energia sem cafeína, tem certeza de que deseja voltar a consumi-la? Se você se sente mais feliz, mais calmo e mais limpo sem ingerir açúcar refinado, ou glúten, ou milho, tem certeza de que quer voltar a comer essas coisas?

Se quiser, seu metabolismo estará mais preparado para lidar com esses alimentos ocasionalmente, em quantidades moderadas. Mas pense em como você está bem sem eles. Algumas pessoas retomam hábitos pouco saudáveis, e um metabolismo rápido pode aguentar muita coisa. Mas em algum momento, se você voltar a ter uma alimentação que não proporcione a nutrição de que necessita, com alimentos cheios de produtos tóxicos de que você não precisa, que castigam o fígado e promovem o acúmulo de gordura, adivinhe o que vai acontecer? Você pode acabar voltando ao ponto de partida. Em princípio, o metabolismo rápido deve dar sustentação a um estilo de vida saudável, e não anular miraculosamente um estilo totalmente disfuncional.

Por isso, enquanto se dedica a esse plano, pense em como pode se dedicar à sua vida. E com isso estou falando em uma vida consciente, com propósito e discernimento. Cuide de seu corpo. Você o consertou. Quer realmente estragá-lo de novo?

Quando voltar à vida normal, a comer normalmente, você precisa entender o que isso significa. Caso não tenha certeza, lembre-se de sua rotina nas quatro últimas semanas: você consumiu alimentos de todos os grupos. Ingeriu proteínas, frutas, vegetais e grãos. Perdeu o excesso de peso. Melhorou sua fisiologia e sua química interna. Sua aparência melhorou. Você se exercitou moderadamente. Seu humor melhorou. Você não gostaria de viver sempre assim?

Meu objetivo é ensinar a você como viver com equilíbrio e apreciar a vida, mas não à custa da sua saúde. A obesidade e o excesso de peso aumentam os riscos de diabetes, depressão, câncer do seio, doenças cardíacas e muitas outras doenças crônicas. Você decidiu seguir o caminho certo e viu o que é melhor para a saúde. Participou, teve êxito, causou impacto na balança, na saúde, em toda a sua vida.

Outro dia encontrei uma paciente que não via há anos. Ela estava no auge da menopausa, tentando encontrar terapias naturais que a ajudassem a atravessar essa fase de transição hormonal. Já tinha voltado a fazer a Dieta do Metabolismo Rápido e completara o ciclo de 28 dias, voltando a emagrecer. Ela havia feito o programa comigo seis anos atrás, e achei incrível que não tivesse esquecido o ritmo, as fases e os alimentos depois de todo esse tempo. Ela me disse que havia mantido muitas das mudanças para continuar a ter uma vida saudável, mas sentia que precisava de uma revisão rigorosa, não só para recuperar o peso ideal, mas também para se lembrar de como se sentia bem e como seu corpo se sentia bem tratado. Ela repetiu várias das minhas máximas: "coma antes de se exercitar" ou "nada de adoçantes artificiais" e "não compre nada que diga 'zero' no rótulo" (nada de produtos sem gordura ou sem açúcar). Fiquei orgulhosa ao ver que ela havia tomado medidas preventivas e retomado meu programa de dieta para melhorar a saúde e voltar a ter o peso ideal, e também pelo fato de ter guardado e seguido meus lemas durante todos aqueles anos.

Por isso, enquanto estamos juntos nesta última semana, pense em mim como sua nutricionista por muitos anos ainda. Estarei com você pelo resto da vida, e você pode apreciar o resto da vida com mais saúde, mais equilíbrio e com o melhor peso possível.

Pense em consumir sempre alimentos saudáveis a partir de agora. Prefira alimentos ricos em nutrientes sempre que puder, coma toneladas de vegetais. Pense em se exercitar e fazer atividades relaxantes para controlar o estresse. Pense em tudo o que aprendeu, em como colocar tudo isso na sua vida, nesta semana, na semana que vem, no resto da sua vida. Você sabe como estimular aqueles cinco elementos mais importantes. Tem os instrumentos para incendiar e manter seu metabolismo ardendo continuamente; por isso, nesta semana, aceite as mudanças, veja como algumas delas podem não apenas mudar sua vida como também acarretar mudanças para a vida inteira.

TABELA DE REFEIÇÕES IDEAIS DA QUARTA SEMANA: FASE 1 — RELAXAR

ACORDAR	PESO	CAFÉ	LANCHE	ALMOÇO	LANCHE	JANTAR	EXERCÍCIO	ÁGUA
Horário: ____ ________ SEGUNDA	_____	Horário: ____ ________ Vitamina de manga	Horário: ____ ________ 1 maçã	Horário: ____ ________ Sanduíche aberto de peru; figos	Horário: ____ ________ 1 xícara de abacaxi	Horário: ____ ________ 2 xícaras de sopa de peru, feijão-branco e couve		
Horário: ____ ________ TERÇA	_____	Horário: ____ ________ Rabanada com morango	Horário: ____ ________ 1 laranja	Horário: ____ ________ 2 xícaras de sopa de peru, feijão-branco e couve (sobras)	Horário: ____ ________ 1 pera asiática	Horário: ____ ________ 2 xícaras de frango italiano e arroz selvagem		

TABELA DE REFEIÇÕES DA QUARTA SEMANA: FASE 2 – DESTRAVAR

ACORDAR	PESO	CAFÉ	LANCHE	ALMOÇO	LANCHE	JANTAR	EXERCÍCIO	ÁGUA
Horário: ___ ________ QUARTA	______	Horário: ____ ________ Omelete de claras de ovos com cogumelos e espinafre	Horário: ____ ________ Fatias de peru e mostarda	Horário: ____ ________ 2 xícaras de sopa de carne, couve e alho-poró	Horário: ____ ________ Carne seca de peru	Horário: ____ ________ Frango assado com canela e mostarda e espinafre com alho e limão		
Horário: ___ ________ QUINTA	______	Horário: ____ ________ Salmão defumado e pepino	Horário: ____ ________ Claras de três ovos cozidos com sal marinho	Horário ____ ________ Frango assado com canela e mostarda (sobras); salada com molho	Horário: ____ ________ Fatias de peru e mostarda	Horário: ____ ________ Sopa de carne, couve e alho-poró (sobras)		

TABELA DE REFEIÇÕES IDEAIS DA QUARTA SEMANA: FASE 3 — LIBERAR A QUEIMA

ACORDAR	PESO	CAFÉ	LANCHE	ALMOÇO	LANCHE	JANTAR	EXERCÍCIO	ÁGUA
Horário: __ ________ SEXTA	_____	Horário: ____ __________ 1 torrada de grãos germinados com ½ abacate e fatias de tomate e pepino	Horário: ____ __________ 60 g de camarão com pedaços de limão	Horário: ______ __________ Salada de tomate e azeitona com fatias de frango ou peru	Horário: ____ __________ Tiras de pimentão vermelho com molho de salada	Horário: ___ __________ 2 xícaras de refogado de frango com gergelim		
Horário: __ ________ SÁBADO	_____	Horário: ____ __________ Vitamina de aveia com frutas vermelhas	Horário: ____ __________ ½ abacate com sal marinho	Horário: ______ __________ Salada de atum com endívia; maçã	Horário: ____ __________ Aipo e homus	Horário: ___ __________ Lombo suíno com alecrim e batata-doce		
Horário: __ ________ DOMINGO	_____	Horário: ____ __________ Aipo com manteiga de amêndoa e chips de alfarroba; frutas vermelhas	Horário: ____ __________ Aipo com molho de salada ou patê F3	Horário: ______ __________ Salada com 2 xícaras de espinafre, 1/3 de xícara de homus, tomate-cereja, aipo, coentro e molho de salada	Horário: ____ __________ ¼ de xícara de amêndoas	Horário: ___ __________ Quesadilla de abacate acompanhada de verduras com molho		

Você talvez queira fazer um último inventário do freezer, da geladeira e da despensa, mudar algumas dessas refeições e aproveitar o que já está pronto. Termine a última semana comendo o que mais gostou, ou fazendo as receitas que quer experimentar. E, se não conseguir experimentar tudo, não se preocupe. Você pode fazer essas receitas, mesmo depois de terminar a Dieta do Metabolismo Rápido. Cada um dos meus filhos tem sua receita favorita, e uso muitas delas para receber os amigos, por isso não são receitas para uma dieta. São receitas para a vida.

Acabou! Você conseguiu! Quando chegar ao final desta semana, se tiver perdido pelo menos 200 g por dia durante as quatro semanas, terá reabilitado completamente seu metabolismo, gerando muita saúde, um sistema imunológico saudável, equilibrando os hormônios e estabilizando o colesterol. Trabalhamos muito nestes últimos 28 dias, você, eu e os cinco elementos mais importantes do seu organismo. Estou muito orgulhosa de você e espero que possamos trabalhar juntos em outras aventuras da vida. Mas, antes de lhe dar alta, quero falar um pouco da vida com seu novo e belo corpo.

Parte IV

Metabolismo rápido em ação

CAPÍTULO 10

VIVENDO COM O METABOLISMO RÁPIDO

Parabéns! Você conseguiu fazer uma coisa incrível: recuperou seu metabolismo, acendeu a chama e queimou gordura como nunca. E fez isso com tudo aquilo que lhe dava medo. Comendo comida. Sem remédio nem cirurgia, sem tortura. Apenas comida de verdade, deliciosa, somada a exercícios leves e atividades para controlar o estresse. Você deve estar se sentindo ótimo, muito diferente de quando começou.

Vamos ver como você está agora. Aposto que está se sentindo muito bem, pois fígado, suprarrenais, tireoide, hipófise e todo o seu organismo finalmente estão recebendo tudo de que necessitam. Dê uma olhada no espelho. Sua pele está mais bonita, mais suave? Seu corpo está mais tonificado? Seu cabelo está mais grosso, mais brilhante e mais saudável? Suas unhas estão crescendo mais rápido? Você está sentindo mais energia? Quantos centímetros você perdeu? Quantos quilos? Sentiu diferença nas roupas?

Quero que pense nas mudanças ocorridas em sua vida nas últimas quatro semanas. O que você mais gostou dessa maneira de comer? Gostou de chegar em casa e sentir o aroma da comida cozinhando lentamente na panela elétrica? Como você se sentiu depois de comer manga às quatro horas da tarde, em vez de alguma coisa açucarada? Como foi sair carregando um almoço saudável todas as manhãs e, ao voltar, encontrar um freezer cheio de refeições deliciosas para o jantar?

Como foi tomar café da manhã todos os dias e nunca ir para a cama com fome? O que você sentiu ao ver sua família na cozinha, atraída pelo aroma delicioso do que você está cozinhando? Gostou de poder comer com seus amigos e até receber visitas enquanto fazia dieta? Gostou de ter um programa tão claro? Pense em todas as suas experiências destas quatro semanas. O que você gostaria de manter para o resto da vida?

Mas você já está pronto para a vida normal?

Você completou os 28 dias, mas conseguiu chegar ao peso que pretendia? Volte à página 127, onde você anotou quanto gostaria de pesar. Conseguiu chegar perto?

Se precisava emagrecer muito mais de 9 quilos, provavelmente ainda não chegou lá. Mas não se preocupe. Se ainda precisa emagrecer mais, pode simplesmente repetir o programa. Na verdade, você pode seguir este programa para sempre. Não importa se você precisa perder mais 9 quilos, ou 20 quilos, ou mesmo 45 quilos; você pode fazer este programa até conseguir o peso desejado e para manter sempre a saúde.

Repetindo a dieta

Se ainda precisa emagrecer mais alguns quilos, sugiro que dê a volta e recomece outro ciclo de 28 dias. Muitos dos meus pacientes fazem dois ou três ciclos da dieta até chegarem ao peso ideal. Mas e se você quiser emagrecer apenas 2 quilos, 3 quilos ou 4 quilos?

Sem problemas. Depois de fazer as quatro semanas, você pode fazer tantas quantas forem necessárias: uma, duas, sete... Não importa, continue até chegar ao peso que desejar. Mesmo que esteja a alguns quilos do peso ideal, mesmo que esteja a menos de 2 quilos, continue até chegar lá. Talvez você precise apenas de mais uma semana ou duas, mas siga-as. Chegue lá. Caso contrário, garanto que daqui a cinco anos você estará às voltas com esses dois quilinhos. Livre-se deles agora e deixe que outra pessoa conte a história de quanto chegou perto do seu objetivo... Você atingiu o seu.

Como eu já disse, muitos dos meus pacientes gostam de fazer a dieta dos 28 dias a cada três meses, só para manter o metabolismo em forma, como um atleta. Outros a fazem uma ou duas vezes por ano. Tenho uma paciente que fez dois ciclos completos da Dieta do Metabolismo Rápido e conseguiu chegar ao peso desejado nesses 56 dias. Mas a vida dela é muito agitada, viaja muito, por isso faz uma semana da Dieta do Metabolismo Rápido na primeira semana de cada mês.

Faz isso religiosamente há anos, e funciona para ela. Diz que assim mantém o metabolismo aceso e o fogo dura o mês inteiro. Também diz que assim se lembra de preparar pratos nutritivos e deliciosos, e esses momentos de deleite doméstico a ajudam a manter os pés no chão.

Não importa se você pretende fazer a Dieta do Metabolismo Rápido por 28 dias ou por mais quatro, seis ou oito ciclos: em algum momento você terá que parar o emagrecimento e estabilizar em um peso saudável. Tenho algumas regras, talvez chocantes, para quando você chegar a esse ponto.

Quando alcançar seu objetivo, é como se tivesse recebido um diploma. Você se formou no curso. Sentiu o gosto do que é real e saudável. Este capítulo vai lhe mostrar como continuar a usufruir dos benefícios saudáveis que você lutou tanto para conquistar. Este é um programa de manutenção que realmente funciona, e funciona para a vida inteira.

Regras de manutenção

1. Se é artificial, faz mal.
2. Sempre coma até 30 minutos depois de acordar.
3. Não faça atividades físicas de barriga vazia.
4. Faça três refeições e dois lanches.
5. Celebre as estações.
6. Aceite sua cultura.
7. Arrume tempo e cozinhe.
8. Trace seu caminho.
9. Continue cozinhando de forma saudável.
10. Continue congelando.
11. Tenha sempre um lanche à mão.
12. Continue sem...
13. Beba muito líquido.
14. Continue fazendo exercícios.
15. Repita a dieta sempre que necessário.
16. Prefira orgânicos.
17. Nutra-se.
18. Relaxe.
19. Ame a comida.

Vida saudável para a vida inteira

Tenho meus cavalos. Eu os alimento, cuido deles e os encho de mimos. Eles recebem muita atenção, mas isso não é nada comparado à forma como alguns dos grandes cavalos de corrida são tratados: recebem massagens para acalmar os músculos, fazem sessões de reiki, comem seis vezes por dia e passam por várias sessões de embelezamento. São muito paparicados. Identifico imediatamente os cavalos bem alimentados. Têm o pelo reluzente, são confiantes e irradiam beleza.

Por que não cuidar de si mesmo dessa maneira? Você pode! Agora que despertou o metabolismo e o colocou novamente em forma, quero que você se veja como um treinador vê um valioso cavalo de corrida. Quero que se valorize e se respeite, e se alimente para ficar na melhor forma possível. Quero ver você radiante, que a vida seja seu palco. Cuide de você como se tivesse potencial para ganhar um grande prêmio. Sacuda a cauda e mostre-se para o mundo. Quero que você respeite seu desempenho metabólico. Valorize o que realizou com seu corpo. Siga em frente com orgulho e dignidade, assumindo o compromisso de não maltratar o corpo nunca mais.

Você é um campeão. Estava no meu estábulo e agora vai refletir sobre os cuidados que deu a si mesmo nos últimos 28 dias.

Esses cuidados devem ser sua nova realidade. Sei que você deve estar um pouco nervoso, agora que vai voltar à realidade depois dessas quatro semanas: e se retomar os antigos hábitos?

Não se preocupe. Agora que desenvolveu bons hábitos, eles não têm nenhuma chance. Além disso, você está mais forte do que um mês atrás.

Mas, para manter o peso e o metabolismo rápido, existem alguns princípios que você deve adotar.

FERRAMENTAS DO METABOLISMO RÁPIDO PARA A VIDA

1. SE É ARTIFICIAL, FAZ MAL

Não importa o que você coma, coma sempre comida de verdade. As pessoas ficam obcecadas com os rótulos e com a contagem de calorias e carboidratos, mas eu digo: veja a lista de ingredientes. Se não souber o que são, esqueça. Um pouco de açúcar, óleo vegetal, pode ser. Pelo menos você sabe o que são. Mas, se não conhecer os ingredientes, deixe o produto na prateleira. Fique de olho principalmente em açúcares e gorduras artificiais. Eles destroem o metabolismo e não são comida de verdade.

2. *SEMPRE COMA ATÉ 30 MINUTOS DEPOIS DE ACORDAR*

As avós vivem repetindo que o café da manhã é a refeição mais importante do dia. E é bom manter esse hábito por toda a vida. Se não comemos logo depois de acordar, pedimos ao corpo que pense, trabalhe, dirija e faça tudo o que precisamos fazer ao longo do dia com combustível zero. Em resposta a isso, as suprarrenais vão produzir hormônios de emergência que dizem ao corpo que é melhor começar a guardar gordura, porque não dá para saber quando você voltará a comer. Trabalhamos tanto para transformar sua gordura em músculos neste programa, portanto não vá estragar tudo agora. Conserve os músculos, perca gordura: tome café da manhã!

3. *NÃO FAÇA ATIVIDADES FÍSICAS DE BARRIGA VAZIA*

Nunca levante e comece a fazer exercícios antes de tomar café ou comer pelo menos um lanche pequeno. E coma pelo menos 30 minutos antes de começar a se exercitar. Caso contrário, suas suprarrenais vão estimular um hormônio a decompor os músculos para obter energia durante os exercícios, canibalizando os músculos que você está tentando formar. Que desperdício! Uma fruta é o ideal. Depois, faça um lanche contendo de 10 g a 20 g de proteína. Com isso você terá os melhores resultados possíveis com seus exercícios. O açúcar natural da fruta serve de combustível para os músculos, e a proteína ajuda na recuperação rápida. Essa é a fórmula ideal para queimar gordura e fazer músculos, esculpindo e desenvolvendo um físico saudável.

4. *FAÇA TRÊS REFEIÇÕES E DOIS LANCHES*

Mantenha o hábito de fazer três refeições e dois lanches todos os dias. Isso manterá seu metabolismo funcionando continuamente, queimando o que você come. Não esqueça de ter sempre um lanche à mão em casa, no trabalho, no carro, na academia etc. O capítulo de receitas tem sugestões de lanches rápidos que podem ser usados fora da dieta. Apesar de não estar mais se alimentando de acordo com as fases, sugiro que mantenha algum tipo de rotatividade entre os lanches. Dois dias de frutas, dois dias de proteína e três dias de lanches à base de gorduras saudáveis, para continuar surpreendendo seu metabolismo. Isso ajuda a garantir que seu corpo jamais se tornará resistente a qualquer tipo de alimento e o prepara para queimar rapidamente qualquer lixo (tipo um sorvete que você estava desejando) que por acaso atravesse seus lábios.

5. CELEBRE AS ESTAÇÕES

Todos os estudos mostram que a digestão, a produção hormonal e a estrutura do corpo mudam com as estações do ano. A natureza espelha esse processo, produzindo alimentos diferentes em diferentes épocas do ano. O consumo de alimentos da estação auxilia o ritmo natural do nosso organismo e sua conexão com a natureza, além de estimular a produção de hormônios do bem-estar. Essa também é uma forma menos dispendiosa de comprar os alimentos.

6. ACEITE SUA CULTURA

Em datas festivas como Natal, Ano-Novo, Páscoa, Hanuká, Kwanzaa ou qualquer outro feriado religioso ou cultural, a comida é sempre um componente muito importante. Aceite, celebre e faça da reunião de pessoas para compartilhar comida e tradição uma coisa boa. Para algumas pessoas, as reuniões familiares são estressantes. Muitas vezes permitimos que uma celebração contagie a outra, perdendo a singularidade daquele momento, entrando numa espiral de glutonaria. Essas situações são uma receita de desastre. Em vez disso, por que não aprender novas receitas com os mais velhos e apreciar o significado do evento e não permitir que nada estrague um estilo de vida saudável?

7. ARRUME TEMPO E COZINHE

Tenho um lema: se eu cozinhar, meu metabolismo aguenta. Se decidir fazer uma extravagância, não será mastigando alguma porcaria embalada; por isso, se não tiver tempo para preparar a sobremesa em casa, significa que vamos ter que sair e tomar um sorvete ou frozen iogurte. Em casa não tenho biscoitos, bolos ou tortas embalados. Acho que aquilo que fazemos em casa é mais saudável, feito com amor e metaboliza mais depressa. Também requer esforço e intenção e me dá tempo para pensar se não estou apenas estressada, com sede ou com fome e por isso estou com vontade de comer coisas doces. Essa é outra maneira saudável de manter contato com a comida que consumo.

8. TRACE SEU CAMINHO

Aproveite o fim de semana para planejar sua semana com antecedência. Trace seu caminho. Pelo menos os jantares, os lanches e os cafés da manhã. Passo os dias fazendo isso com meus pacientes e eles sempre dizem que isso facilita demais sua vida. Tenho um método lá em casa. Uso a panela elétrica para fazer uma sopa a cada fim de semana. Com isso, resolvo quatro jantares e dois almoços. Às vezes uso o frango da sopa na salada ou em um burrito no almoço do dia seguinte. Tomamos vitamina no café da manhã duas vezes por semana e mingau também duas vezes por semana; nos outros três, ovos e bacon, ou abacate e torrada, ou iogurte grego. Isso é tão certo e rotineiro que nem penso no assunto. No jantar dos outros três dias, fazemos algum grelhado uma noite, saímos para jantar na outra noite, e na última cada um faz o que quiser. Comigo funciona e me dá energia para fazer tudo o que preciso.

9. CONTINUE COZINHANDO DE FORMA SAUDÁVEL

Quando estamos ocupados demais para cozinhar, o melhor é deixar tudo pronto na panela elétrica, por exemplo, e guardar a tigela da própria panela na geladeira. De manhã, ligue a panela e saia. À noite terá um jantar tão delicioso que não sentirá nenhuma tentação de pedir comida fora ou comer algo congelado. Continue fazendo as receitas de que mais gosta e experimente coisas novas. Só porque os 28 dias acabaram, não significa que você não possa preparar as receitas do programa. Costumo fazer essas receitas para minha família, quando recebo os amigos e também quando vou a algum jantar em que cada pessoa leva seu prato; guardo tudo no freezer, para que todos possam comer no almoço ou jantar. Você encontrará mais receitas em meu site www.fastmetabolismdiet.com, em inglês.

10. CONTINUE CONGELANDO

Como você já deve ter percebido, uso muito meu freezer. Cozinho frutas e congelo, assim tenho sempre o que passar na minha torrada. Sempre que pico os vegetais, pico um pouco a mais e congelo para usar naqueles dias em que não tempo para picar os ingredientes. Quando você tem comida pronta, é muito fácil preparar uma refeição. No final de cada semana, continue a fazer um inventário do seu freezer. Veja o que sobrou e use essas coisas na semana seguinte, assim nada se perde.

11. TENHA SEMPRE UM LANCHE À MÃO

Você precisa ter sempre, sempre, um lanche na bolsa, no carro, no escritório e no freezer. Assim, onde estiver, se sentir forme ou se já tiver passado três ou quatro horas desde a última vez em que comeu, poderá comer algo saudável. (Veja a lista de lanches na p. 206.)

12. CONTINUE SEM...

Continue evitando açúcar, álcool, alimentos processados, cafeína, glúten, milho e soja. Seu metabolismo agora tem condições de lidar com a ingestão ocasional desses alimentos, mas você está indo muito bem. Tem certeza de que quer voltar a consumir essas coisas? Você gosta de grãos, brotos e carboidratos sem trigo. Pães e massas enriquecidos têm quase todos os nutrientes retirados dos produtos industrializados. São alimentos artificiais. Veja a regra nº 1.

13. BEBA MUITO LÍQUIDO

Continue tomando todos os dias o equivalente a 1 a 1,5 litro de água. Este é um hábito essencial que não poderia ser mais fácil de manter.

Quando você está desidratado, acaba retendo líquidos e fica inchado. Lembre-se de que a água ajuda a eliminar resíduos e toxinas do corpo, melhorando o metabolismo. O ideal é água de nascente. Tome água ao longo de todo o dia, em vez de tentar beber tudo à noite, antes de ir para a cama.

14. CONTINUE FAZENDO EXERCÍCIOS

Continue a se exercitar três vezes por semana, todas as semanas, alternando exercícios para queimar (cardiovascular), formar músculo (pesos) e reparar o corpo (lembre-se de que massagem conta como exercício reparador), exatamente como fez durante os 28 dias. Pode fazer mais, se quiser, mas faça pelo menos três dias durante a semana. Quanto mais ativo você for, mais mitocôndrias terão suas células. Lembre-se de que as mitocôndrias são as fornalhas de gordura das células!

15. REPITA A DIETA SEMPRE QUE NECESSÁRIO

Quando e se você sentir necessidade de realimentar seu metabolismo, repita a Dieta do Metabolismo Rápido. Alguns dos meus pacientes fazem isso a cada três meses ou duas vezes por ano, e até anualmente, para atiçar o fogo metabólico. Depois de fazer o ciclo completo de 28 dias, pode fazer todo o ciclo novamente ou apenas uma ou duas semanas com intervalos regulares. Faça o que for melhor para você. Quando fizer uma semana a cada três meses, seu corpo lembrará: "Ah, sim! É isso que fazemos para eu ficar em forma de novo e me sentir incrível!".

Se você fizer sempre uma manutenção, não precisará repetir toda a Dieta do Metabolismo Rápido, mas muitos dos meus pacientes fazem porque gostam. Isso dá uma certa estrutura e estímulo à vida deles. A repetição da dieta vai garantir ao seu metabolismo a capacidade de suportar as mudanças nas circunstâncias da vida, como alterações hormonais, estresse, trauma, nascimento de um filho ou qualquer outra coisa que a vida lhe apresente. Pense na repetição da Dieta do Metabolismo Rápido como a limpeza do pátio depois de uma tempestade. Mesmo depois de varrer uma vez, o tempo pode mudar, e você terá que varrer de novo. Ou pense assim: só porque você quebrou a perna uma vez, e a consertou, não significa que jamais vai se machucar de novo e curar de novo. Coloque esta dieta em prática sempre que estiver tentando se curar de alguma coisa, tentando emagrecer, para estabilizar os níveis de açúcar no sangue, equilibrar os hormônios ou reduzir o colesterol. Use quando quiser e respeite o que seu corpo pode fazer quando você o trata bem.

16. PREFIRA ORGÂNICOS

Os produtos orgânicos realmente fazem diferença, principalmente no caso de laticínios, frango, ovos e carne. Confie em mim quando digo que você não gostaria de colocar as versões não orgânicas dessas coisas no seu organismo. Ponto!

17. NUTRA-SE

Por causa da pobreza do solo e da tendência da maioria das pessoas para não comer tão bem, pelo menos de vez em quando, considere complementar sua nutrição com suplementos básicos, como um multivitamínico de qualidade e um suplemento de ácidos graxos essenciais. Você talvez já tenha suas marcas favoritas, mas pode dar uma olhada nos suplementos do site www.fastmetabolismdiet.com.

18. RELAXE

Agora você entende como é importante controlar o estresse, por isso não deixe que ele leve a melhor. Aprenda a relaxar, respire profundamente, cuide-se e diga "não" quando estiver sobrecarregado. Qualquer outra coisa simplesmente não compensa o preço metabólico.

19. AME A COMIDA

Nunca deixe de apreciar o que os alimentos verdadeiros, ricos em nutrientes, fazem por você e seu corpo. Valorize e respeite o que os nutrientes têm a oferecer e o que podem fazer por você. Preste atenção ao que você sente antes de comer e como se sente depois de comer, para manter um controle sobre os alimentos que lhe fazem bem e aqueles que é melhor evitar. Ame as gorduras saudáveis e os carboidratos complexos. Você jamais sentirá medo de comida novamente.

Dicas de sobrevivência: porque a vida acontece

Você emagreceu e está conseguindo manter o peso. Está fazendo boas escolhas e levando uma vida feliz e saudável com seu metabolismo rápido. E então acontece... um evento. Um jantar, um casamento, um aniversário, um encontro em um restaurante bacana. Você sabe que agora pode comer como uma pessoa saudável, mas está nervoso. Quer aproveitar e relaxar, mas começa a ficar estressado porque... E se você estragar tudo?

Se isso acontecer, lembre-se de que está enfrentando esses acontecimentos como uma pessoa diferente, porque já recuperou seu metabolismo e agora tem outras ferramentas. Lembre-se de que a comida agora é sua amiga.

Só porque não está mais no programa, isso não significa que tudo o que aprendeu com este livro foi esquecido. Todos os recursos, conhecimento e hábitos que você adquiriu vão acompanhá-lo, em todas as festas e eventos. Eles não vão te deixar ir a essa festa sozinho. Além disso, é especialmente importante lembrar que o grande objetivo da restauração do metabolismo é aproveitar esses eventos especiais, permitir-se fazer certas coisas sem pagar um preço catastrófico.

Porém, caso ainda esteja preocupado, vou lhe contar alguns segredinhos que podem ajudar a minimizar o estrago quando você sabe que vai se deleitar. São segredos que conto à celebridades, que não podem parecer inchadas ou engordar 2 quilos depois de uma noitada.

SEGREDO Nº 1: O GRANDE JANTAR

Você sabe que será uma noitada em um restaurante mexicano, ou talvez vá participar de um almoço comunitário na igreja que deve durar o dia inteiro, ou enfrentar um bufê maravilhoso com muitas coisas imperdíveis. Qualquer que seja o motivo, você sabe que vai comer muito. Para minimizar o estrago, só precisa fazer duas coisas:

1. **Comer de 10 g a 15 g de proteína a cada duas horas durante todo o dia.** Comece nos 30 minutos depois de acordar e continue até o horário em que chegar ao evento. Faça como se estivesse na fase 2: muitos vegetais de baixo índice glicêmico, mas sobretudo proteína, em especial proteína animal, que é mais facilmente absorvida. Faça refeições ricas em proteína e, entre as refeições, coma fatias de peito de frango ou de peru, 30 g a 60 g de sobras de filé ou filé-mignon suíno ou de peixe. Isso manterá seu nível de açúcar estável, e seus músculos terão combustível para armazenar todos os açúcares extras (como o vinho ou a margarita que você esteja pensando em beber) como glicogênio, em vez de gordura.
   Isso também colocará um freio na vontade incontrolável de comer porque você chegará com fome, mas não faminto. Por fim, comendo proteína a cada duas horas durante todo o dia, você estará acionando os hormônios que queimam gordura. Eles estarão prontos para queimar qualquer coisa que você ingerir no evento.

2. **Aproveite o evento pra valer.** Isso é muito importante! Seu regime de proteína vai funcionar, por isso não há razão para se estressar. Aproveite. Isso convencerá seu corpo de que não há nenhuma situação de emergência, que está tudo bem. Com os hormônios do estresse sob controle, seu corpo não tem motivos para começar a juntar gordura. Enquanto estiver na festa, seu corpo estará em sua própria festa particular queimando gordura.

SEGREDO Nº 2: NECESSIDADE DE DOCE

Todos os anos, o time de futebol da minha sobrinha faz um campeonato de tortas. A torta de maçã que ela faz é a melhor. Mas, para ter certeza, preciso experimentar todas as outras. Você talvez passe por uma situação dessas. Seu ponto fraco talvez seja bolo de aniversário ou uma sobremesa especial. Não importa, você sabe o que vai acontecer. Vai comer o doce. Precisa fazer isso de vez em quando, certo?

Sem dúvida. Felizmente, você pode preparar seu metabolismo para lidar com o ataque ocasional aos doces fazendo quatro coisas:

1. **Coma açúcar natural durante o dia. Coma uma fruta no café da manhã e no almoço.** A fruta inteira, não o suco. Quando você come fruta no café e no almoço, seu corpo é inundado por um nível elevado, mas estável, de açúcar. Nessas duas refeições, café da manhã e almoço, coma como se estivesse na fase 1.

2. **Coma apenas proteína em todos os lanches.** Isso vai estabilizar seu metabolismo e prepará-lo para todo o lixo que você possa ingerir. Faça os lanches como se estivesse na fase 2.

3. **Coma gorduras boas no jantar.** A gordura reduzirá o ritmo de absorção do açúcar. Por isso, o jantar deve ser como se você estivesse na fase 3.

4. **Aproveite.** Vá para a festa e saboreie aquela torta de chocolate. Dance. Divirta-se. E não ouse sentir-se culpado! Lembre-se: o sentimento de culpa engorda mais do que costelinha de porco.

SEGREDO Nº 3: TOMANDO TODAS

Se você gosta de um copo de vinho, um coquetel ou uma caneca de chope de vez em quando (como uma ou duas vezes por semana), não vou lhe tirar esse prazer. Mas existe uma maneira de ingerir álcool causando o menor estrago possível ao metabolismo. Você provavelmente já sabe que o fígado tem que trabalhar muito para processar o álcool. Agora que reparou seu metabolismo e seu fígado está preparado, só não podemos exigir demais. Uma bebida por semana provavelmente não fará mal algum. Uma bebida por dia talvez exija um pouco mais do fígado. Pense no que está disposto a sacrificar, mas lembre-se de que o álcool *não ajuda* em nada seu metabolismo.

Você precisa do fígado para seu organismo funcionar perfeitamente. Por isso, aqui estão algumas dicas para quando você decidir tomar bebidas alcoólicas:

- **Os vinhos orgânicos, sem sulfito, são os que menos afetam as funções do fígado.** Se você entende de vinhos, talvez queira explorar as alternativas orgânicas.

- **Se você realmente quiser beber alguma coisa, escolha sempre o melhor.** As boas bebidas têm menos produtos químicos e ingredientes artificiais para o fígado processar. As bebidas sem aditivos e corantes são mais puras e melhores. Evite as bobagens que você tomava para se embebedar quando estava na faculdade, aqueles coquetéis coloridos, os energéticos que misturam cafeína ao álcool que você está consumindo. Caso contrário, sua cintura vai ficar mais parecida com um barril de chope. **Tome sempre um copo de água (200-250 ml) para cada bebida**, além da ingestão diária de água necessária. O álcool é diurético, e, assim, você ajuda seu organismo a compensar.

- **Não consuma álcool sozinho.** Não estou dizendo que você não pode tomar um copo de vinho em casa depois de um longo dia de trabalho. O que eu quero dizer é que você deve sempre equilibrar o álcool com uma proteína bem pesada, de preferência proteína animal, como frango, peru, carne, camarão ou peixe (o queijo dos nachos não conta!).

- **Por favor, não tome bebida alcoólica pela manhã.** Sei que um blood mary no brunch pode ser tentador, mas o sabor também será bom sem o álcool. Pode ser cinco da manhã em outro lugar do planeta, mas espere até as cinco da tarde do lugar onde você estiver.

Pronto-socorro do metabolismo rápido

Tenho que ser firme e me colocar como uma espécie de anteparo para meus pacientes e leitores. Se você fizer as curvas com muita velocidade e começar a sair da estrada, quero estar lá para impedir que você caia no barranco e despenque da dieta. Se quebrar as regras e o *guard-rail* não funcionar, precisamos chamar o serviço de emergência e levar você para o pronto-socorro, para curar os ferimentos sofridos por seu metabolismo. Mas lembre-se de que isso só vale para emergências! Não pode ser usado para trapacear em meio a um congestionamento!

EMERGÊNCIA Nº 1: SE ESTOU PRESO EM ALGUM LUGAR E NÃO TENHO NADA ADEQUADO À MINHA FASE PARA COMER

Tente encontrar alguma proteína. É o que tem a menor probabilidade de ser armazenado como gordura e a maior probabilidade de evitar que o músculo seja canibalizado. Além disso, é fácil de encontrar: até em postos de gasolina você pode encontrar ovos cozidos ou uma lata de atum. Depois retome o ritmo da sua fase.

EMERGÊNCIA Nº 2: SAÍ DE CASA E NÃO TOMEI O CAFÉ DA MANHÃ

Não se estresse! Isso só vai piorar as coisas do ponto de vista hormonal. Não queremos que as suprarrenais comecem a produzir cortisol. Respire profundamente para reduzir a produção de cortisol e procure comer alguma coisa o mais depressa possível. Escolha alguma coisa apropriada à sua fase, mas, para compensar o tempo perdido, inclua um vegetal. Isso ajudará a manter o corpo alcalinizado, sem a acidose provocada pelo estresse. No resto do dia mantenha sua rotina e, à noite, prepare o café da manhã seguinte para evitar que isso aconteça novamente.

EMERGÊNCIA Nº 3: NÃO CONSIGO ENCONTRAR TEMPO PARA FAZER OS EXERCÍCIOS OU ESTOU MACHUCADO E NÃO POSSO ME EXERCITAR

Você pode fazer uma fogueira sem os gravetos e pode ter sucesso com esta dieta sem os exercícios. Na fase 1, qualquer coisa que eleve seus batimentos cardíacos por um período de apenas dez a vinte minutos fará uma grande diferença. Na fase 2, você terá os benefícios hormonais do levantamento de peso, mesmo que trabalhe apenas um músculo. Por isso, se quebrou o braço esquerdo, use o braço direito. Na fase 3, respire profundamente enquanto estiver na cama tentando dormir. Isso a ajudará a dormir melhor e equilibrar os hormônios.

EMERGÊNCIA Nº 4: CAIU UMA BEBIDA NA MINHA BOCA, E COM O SUSTO ACABEI ENGOLINDO TUDO... DUAS VEZES!

Arrependa-se tomando um copo de água a mais (200-250 ml) por cada deslize alcoólico e, no dia seguinte, consuma alimentos ricos em potássio, como pepino, manjericão, salsa e coentro. São diuréticos naturais e ajudam a reequilibrar o fígado rapidamente.

EMERGÊNCIA Nº 5: EU NÃO ESTAVA COM FOME, POR ISSO PULEI O LANCHE

Ah, mas você comeu. Comeu seu próprio músculo em vez do lanche. Lembre-se de que, quando você tem tendência a engordar ou dificuldade para emagrecer, os sinais de que você está com fome podem estar desligados. Não espere ter fome. Coma a cada três ou quatro horas. Se passou mais do que esse tempo, e de repente você percebe que está "morrendo de fome", tome cuidado com suas porções. Não coma demais. Em vez disso, termine seu lanche ou refeição e faça outro lanche uma hora depois. Isso vai prolongar a liberação dos alimentos na corrente sanguínea e reduzir o risco de armazenar gordura.

EMERGÊNCIA Nº 6: COMECEI A FAZER A DIETA E PRECISEI PARAR ANTES DE CONCLUIR OS 28 DIAS — POSSO TENTAR DE NOVO?

Sim. Esta dieta sempre estará aqui para você, e o consumo de alimentos saudáveis, bons para o metabolismo, sempre fará bem. Acredite, entendo que imprevistos acontecem. Tive uma paciente que durante três anos não emagreceu um único quilo. Cappuccinos, viagens repentinas a trabalho, divórcio, mortes na família, os cuidados com a mãe doente e inúmeros imprevistos viviam fazendo com que interrompesse o programa. Fiquei impressionada com o simples fato de termos conseguido manter o diabetes sob controle e evitado que ela engordasse. Então, um belo dia os astros se alinharam, e ela conseguiu fazer a Dieta do Metabolismo Rápido durante quatro meses seguidos. Emagreceu 30 quilos. Sou paciente e estarei pronta quando você estiver.

Estas são minhas estratégias de sobrevivência quando a vida se coloca no caminho do programa "perfeito" de saúde. Sei que eu disse que você seria meu por apenas 28 dias, mas quero que saiba que as portas estarão sempre abertas e os mesmos princípios de recuperação e restauração do metabolismo podem ser aplicados à recuperação da artrite, do colesterol alto, do diabetes e da fadiga.

Em minha clínica, ainda atendo pacientes que conheci na primeira semana em que abri as portas. Vi as famílias de meus pacientes crescerem e se multiplicarem. Comemorei suas conquistas e compartilhei dores e desilusões.

Alguns, fiquei sem ver durante muito tempo. Atendi recentemente uma pessoa que me foi encaminhada por um paciente que eu não via há três anos — desde que conseguiu perder 20 quilos. O amigo que ele me encaminhou falou muito sobre meu paciente, sobre como ele estava bem, com uma aparência ótima. Foi muito bom saber que continuava bem.

Mas não fiquei surpresa. É assim que a Dieta do Metabolismo Rápido funciona. Você aprende, coloca em prática e adora, nunca volta atrás. Ele aprendeu a viver e a comer para manter e nutrir seu metabolismo para o resto da vida. A comida é o melhor dos remédios, por isso mantenha o ritmo destas últimas semanas e toque sua vida!

Mas lembre-se: estou aqui. Serei sempre sua nutricionista e, através do meu site, em minhas clínicas e em qualquer outro livro, continuarei a lhe dar sugestões inovadoras, simples, para se tornar saudável, manter-se saudável e viver a vida. Quero ver você entoar louvores à Dieta do Metabolismo Rápido durante muitos anos, por ter finalmente deixado para trás o círculo vicioso das dietas. Agora você terá o estilo de vida da Dieta do Metabolismo Rápido, apreciando receitas deliciosas, interagindo com uma comunidade dedicada à saúde e ao bem-estar, tendo os recursos de que precisava para manter um corpo esplêndido.

E, se conseguiu chegar ao peso desejado e está feliz e satisfeito, mande ajustar suas roupas ou compre uma calça nova. Porque nunca mais voltaremos atrás.

Por fim, antes de nos encontrarmos de novo, eis o que desejo a você:

Quero que tenha uma vida longa cheia de saúde e amor.

Quero que conte as coisas boas, e não suas calorias.

Quero que tenha energia para sentir alegria.

Quero que tenha os recursos para reparar seu corpo sempre que necessário.

Quero que ame a comida e tudo o que ela pode fazer por você.

Acima de tudo, quero que você saia e mostre ao mundo seu metabolismo rápido e aproveite esse novo estilo de vida.

CAPÍTULO 11

RECEITAS PARA QUATRO SEMANAS

Espero ter feito você se apaixonar por comida, se é que você já não a adorava antes, porque a comida feita em casa é a melhor maneira de manter um metabolismo rápido. Mas você precisa de receitas, e tenho algumas ótimas. Todas têm a indicação da fase apropriada e são deliciosas. Algumas se tornaram as preferidas da minha família e também de muitos pacientes. Sei que você também vai gostar.

Receitas da fase 1

Lanches rápidos da fase 1

Não sinta fome sem ter um lanche. Na fase 1, os lanches são feitos basicamente com frutas, por isso tenha sempre uma fruta no carro, na sua mesa ou na bolsa. Maçãs, laranjas e tangerinas são mais fáceis de levar de um lugar para outro.

A manga é uma das minhas frutas preferidas, mas não é muito prática. Faço uma bagunça para descascar, cortar e chupar o caroço. Eu descobri uma forma de comer manga sem fazer sujeira: basta congelar a manga cortada em pedaços em um saquinho. No meio da manhã já está descongelada mas ainda está fresca, simplesmente deliciosa. Você pode cortar várias mangas em cubinhos e guardar as porções em saquinhos; depois é só guardar no freezer e levar para o lanche no trabalho.

Café da manhã da fase 1

Vitamina de manga
Vitamina de fruta e aveia
Mingau de aveia
Rabanada com morango

Saladas, sanduíches, sopas e cozidos da fase 1

Salada de atum, maçã verde e espinafre
Sanduíche aberto de frango/peru
Wrap de grãos germinados com peru
Sopa de frango e cevada
Cozido de peru ou carne magra
Sopa de peru, feijão-branco e couve
Molho de salada e patê vegetariano da fase 1

Pratos principais da fase 1

Tigela de frango com brócolis
Linguiça de frango com fusilli de farinha de arroz integral
Frango italiano e arroz selvagem
Filé-mignon com arroz integral
Filé-mignon suíno com brócolis e abacaxi

Lanches da fase 1

Grapefruit assado com canela
Pera asiática com cacau
Melancia para queimar gordura
Vitamina de melancia

Vitamina de manga

Fase 1

1 porção

½ xícara de manga (também pode ser morango ou abacaxi)
½ xícara de cubos de gelo
½ limão-siciliano
¼ de colher (chá) de stevia (opcional)
2 folhas de hortelã

Coloque a manga e o gelo no liquidificador com ¾ de xícara de água. Esprema o limão e coloque no liquidificador, junto com a stevia. Acrescente a hortelã e bata até ficar cremosa. Saboreie acompanhada de 8 a 10 biscoitos de arroz.

Vitamina de fruta e aveia

Fase 1

1 porção

½ xícara de flocos de aveia
½ xícara de fruta (abacaxi ou morango)
½ xícara de cubos de gelo
1 sachê de stevia
Canela em pó, a gosto

Coloque a aveia no liquidificador e bata até obter um pó. Depois acrescente 1 xícara de água e o restante dos ingredientes. Bata até ficar cremosa. Sirva.

Mingau de aveia

Fase 1

4 porções

Gosto de fazer todo o pacote de aveia de uma vez e depois congelar com frutas vermelhas, canela e stevia em porções de 1½ xícara. Assim posso tirar do freezer e descongelar rapidamente quando estiver de novo na fase 1. Você também pode cozinhar a aveia em grão laminada durante a noite na panela elétrica.

1 xícara de aveia em grão laminada
2 xícaras de frutas vermelhas stevia e canela em pó, a gosto

Coloque a aveia e 4 xícaras de água em uma tigela grande. Cubra e guarde na geladeira durante a noite. Na manhã seguinte, coloque a mistura em uma panela e cozinhe por aproximadamente 30 minutos. Quando a aveia estiver cozida, cubra com as frutas vermelhas. Coloque stevia e canela a gosto.

Rabanada com morango

Fase 1

1 porção

Clara de 1 ovo
1 colher (chá) de essência de baunilha
¼ de colher (chá) de canela em pó
1 fatia de pão de grãos germinados
½ xícara de morangos
2 colheres (chá) de suco de limão-siciliano
Uma pitada de stevia

Bata a clara com a essência de baunilha e a canela em uma tigela pequena. Molhe o pão na mistura, cobrindo-o os dois lados.

Aqueça uma frigideira antiaderente e coloque o pão na superfície quente, virando de vez em quando para torrar dos dois lados.

Enquanto isso, aqueça os morangos em uma panela em fogo baixo. Quando estiverem macios, acrescente o suco de limão e a stevia e deixe aquecer. Coloque imediatamente sobre a torrada e coma.

Salada de atum, maçã verde e espinafre

Fase 1

1 porção

140 g de atum sólido em água
1 xícara de maçã verde picada (ou abacaxi ou outra maçã)
½ xícara de pepino sem casca em cubos
½ xícara de cenoura em cubos
1 colher (sopa) de cebola roxa picada
½ limão-siciliano
1 a 2 xícaras de espinafre fresco

Escorra bem o atum e coloque em uma tigela pequena. Junte a maçã, o pepino, a cenoura e a cebola e misture bem. Esprema o limão e acrescente à mistura. Sirva sobre o espinafre.

Nota: se preferir, use vinagre balsâmico a gosto em vez do limão, mas não azeite.

Sanduíche aberto de peru

Fase 1

1 porção

1 fatia de pão de grãos germinados
1 colher (sopa) de mostarda
2 folhas grandes de alface
2 fatias de peru ou frango
Algumas fatias de cebola roxa
Várias fatias de tomate
Sal marinho e pimenta-do-reino moída na hora

Passe a mostarda no pão. Coloque as folhas de alface e as fatias de peru. Junte a cebola e o tomate. Tempere com sal e pimenta e sirva.

Wrap de grãos germinados com peru

Fase 1

1 porção

4 fatias de peito de peru ou ½ xícara de carne de peru fresco picado
¼ de colher (chá) de sal marinho
¼ de colher (chá) de mostarda em pó
¼ de colher (chá) de pimenta-do-reino
¼ de colher (chá) de orégano
1 a 2 colheres (sopa) de mostarda
1 tortilha de grãos germinados
½ a 1 xícara de folhas verde-escuras, como rúcula ou espinafre
½ tomate maduro fatiado

Cozinhe o peito de peru defumado ou a carne de peru fresca picada em uma panela antiaderente. Tempere com sal marinho, mostarda em pó, pimenta e orégano.

Passe a mostarda cremosa na tortilha. Coloque as folhas e as fatias de tomate.

Cubra com o peito de peru defumado ou a carne de peru picada, enrole a tortilha e aprecie!

Sopa de frango e cevada

Fase 1

4 a 6 porções (porção: 3 xícaras)

4 xícaras de caldo de galinha
4 xícaras de caldo de legumes
900 g de peito de frango sem osso e sem pele
1 xícara de cebola em cubinhos
1 colher (sopa) de alho amassado
1 folha de louro
¼ de colher (chá) de sal marinho
¼ de colher (chá) de pimenta-do-reino

2 xícaras de abóbora em cubos
2 xícaras de abobrinha amarela em cubos
2 xícaras de abobrinha tipo italiana em cubos
1 xícara de buquês de brócolis
1 xícara de cogumelos picados
1 xícara de cevada

Coloque 4 xícaras de água em uma panela grande, junto com os caldos. Acrescente o frango, a cebola, o alho, a folha de louro, sal e pimenta. Aqueça em fogo alto até ferver; diminua o fogo e deixe cozinhar por 1 hora.

Acrescente os legumes e a cevada. Deixe ferver novamente e cozinhe em fogo baixo por mais 1 ou 2 horas, até os legumes ficarem com a textura desejada.

Cozido mexicano de peru ou carne magra

Fase 1

6 porções, aproximadamente (porção: 1½ xícara)

Atenção: como esta receita contém muitos legumes ricos em amido, entra na categoria "grãos" e também nas categorias "proteína" e "vegetais". Não é preciso acrescentar outro grão à refeição, mesmo que a tabela de refeições especifique um grão.

800 g de carne magra de peru ou boi
½ xícara de cebola roxa em cubos, ou mais, se desejar
2 colheres (sopa) de salsa ou coentro
1 colher (sopa) cheia de pimenta-cumari em pó
1 colher (sopa) de alho picado
½ colher (chá) de pimenta vermelha em flocos amassada
425 g de feijão-branco
425 g de feijão-carioca
425 g de feijão-jalo
425 g de feijão-preto cozido
425 g de lentilha cozida

4 xícaras de abobrinha picada
4 xícaras de sopa de tomate comum ou sopa de tomate com pimentão orgânica (certifique-se de que a sopa não contém leite)
1 colher (chá) de sal marinho

Doure a carne de peru em uma frigideira e escorra.

Ligue a panela elétrica em temperatura alta. Coloque a carne, a cebola, a salsa, a pimenta-cumari em pó, o alho e a pimenta vermelha na panela. Mexa, tampe e reserve.

Coloque os feijões com um pouco de caldo, a abobrinha e a sopa na panela elétrica. Mexa bem. Cozinhe por 4 a 5 horas ou diminua a temperatura e cozinhe por 6 a 8 horas.

Mexa e experimente de vez em quando, acertando o tempero conforme a necessidade. Acrescente o sal pouco antes de servir para preservar seus nutrientes.

Nota: Acrescentar um pouco mais de pimenta dá um toque a mais, mas você sempre pode acrescentar um pouco apenas ao servir, se gostar do sabor picante e o resto da família, não. Além disso, faço este prato antes de chamar as crianças de manhã e deixo na temperatura bem baixa, para que fique quente e pronto para servir no jantar. Ou, se estiver cozinhando antecipadamente, coloco para cozinhar à noite, antes de deitar, e na manhã seguinte congelo ou guardo na geladeira antes de sair para o trabalho.

Sopa de peru, feijão-branco e couve

Fase 1

4 porções

900 g de carne magra de peru bem picada
3 xícaras de cebola roxa em cubos
2 xícaras de aipo em cubos (incluindo as folhas)
2 colheres (sopa) de alho picado

1 colher (sopa) de gengibre picado
8 xícaras de caldo de legumes
6 xícaras de abóbora
6 xícaras de couve picada (sem os talos)
425 g de feijão-manteiga
425 g de feijão-branco
425 g de feijão-azuqui ou feijão-preto
2 colheres (chá) de manjericão
2 colheres (chá) de tomilho
1 colher (chá) de cominho em pó
½ colher (chá) de sal marinho
¼ de colher (chá) de pimenta-do-reino moída na hora

Deixe os feijões de molho na véspera. Em uma panela grande antiaderente, refogue o peru com a cebola, o aipo, o alho e o gengibre em 2 colheres (sopa) de água, até a carne ficar macia. Acrescente o caldo, a abóbora, a couve, os feijões e os temperos. Deixe ferver.

Tampe a panela, deixe o fogo baixo e cozinhe até o feijão ficar macio. Experimente e acerte o tempero com sal e pimenta.

Molho de salada e patê vegetariano

Fase 1

Rende cerca de ¾ de xícara

½ xícara de purê de manga
2 colheres (chá) de vinagre balsâmico
2 colheres (chá) de coentro ou salsa picados
1 colher (chá) de suco de limão
¼ de colher (chá) de stevia

Bata todos os ingredientes no liquidificador. Coma com legumes picados.

Tigela de frango com brócolis

Fase 1

4 porções

4 xícaras de caldo de legumes ou de galinha
½ xícara de cebola roxa picada
½ xícara de cenoura picada
½ xícara de aipo picado
1 colher (sopa) de coentro ou salsa
1 colher (chá) de alho picado
½ xícara de arroz integral
450 g de peito de frango sem osso e sem pele em cubos de 3 cm
4 xícaras de buquês de brócolis
1 colher (sopa) de suco de limão
½ colher (chá) de salsa picada
½ colher (chá) de sal marinho
½ colher (chá) de pimenta-do-reino

Preaqueça o forno a 190°C.

Misture o caldo, os legumes, 1 colher (sopa) de salsa e o alho em uma panela grande. Acrescente 1 xícara de água e deixe ferver. Acrescente o arroz e deixe ferver novamente. Tampe e cozinhe em fogo lento por 25 minutos. Tire a tampa e cozinhe por mais 5 minutos. Reserve.

Enquanto o arroz cozinha, coloque o frango e o brócolis em uma tigela. Junte o suco de limão, a salsa, o sal e a pimenta. Misture bem, para cobrir o frango e o brócolis com o molho. Coloque o frango e o brócolis em uma assadeira grande, espalhando de maneira uniforme. Asse por 30 a 35 minutos.

Tire o frango do forno e deixe esfriar. Divida o arroz em quatro tigelas individuais. Divida o frango e o brócolis por cima do arroz. Sirva. (Você pode dobrar esta receita e congelar mais porções.)

Linguiça de frango com fusilli de farinha de arroz integral

Fase 1

4 porções

2 xícaras de fusilli de farinha de arroz integral (sem glúten)
340 g de linguiça de frango
2 xícaras de abobrinha em cubinhos
1 xícara de buquês de brócolis
¼ de xícara de cebola roxa picada
1 colher (sopa) de alho amassado
¼ de colher (chá) de sal marinho
Uma pitada de pimenta-do-reino

Cozinhe o macarrão de acordo com as instruções da embalagem, tomando cuidado para não cozinhar demais. Escorra e lave. Reserve.

Corte a linguiça de frango em pedaços de 1,5 cm.

Preaqueça uma frigideira antiaderente grande. Acrescente 1 colher (sopa) de água e misture a linguiça, a cebola e o alho. Cozinhe em fogo médio até dourar ligeiramente. Junte a abobrinha, o brócolis, sal e pimenta e cozinhe por cerca de 3 a 5 minutos, até os legumes ficarem macios, mas crocantes.

Misture o macarrão, mexendo até aquecer. Sirva imediatamente.

Frango italiano e arroz selvagem

Fase 1

6 a 8 porções (porção: 1½ a 2 xícaras)

1,1 kg de peito de frango sem osso e sem pele, em cubos
2 xícaras de caldo de galinha
1 xícara de arroz selvagem, lavado e escorrido
¼ de xícara de cebola em cubos
½ colher (chá) de alho picado
2 xícaras de cogumelos picados

400 g de tomate em lata picado
1 colher (chá) de sal marinho
½ colher (chá) de orégano
½ colher (chá) de manjericão
¼ de colher (chá) de pimenta-do-reino moída na hora

Coloque o frango, o caldo de galinha, o arroz selvagem, a cebola e o alho em uma panela elétrica. Misture os cogumelos, os tomates, o orégano, o manjericão e a pimenta. Tampe e cozinhe por 4 horas em temperatura alta ou por 6 horas em temperatura baixa. Sirva e aprecie!

Filé-mignon com arroz integral

Fase 1

4 porções

ARROZ INTEGRAL

1¼ xícara de caldo de galinha ou de legumes
2 xícaras de arroz integral
1 xícara de abobrinha em cubos
½ xícara de tomate maduro em cubos
2 colheres (sopa) de cebola roxa em cubos
1 colher (chá) de coentro (fresco ou seco)
1 colher (chá) de alho amassado

FILÉ-MIGNON

Suco de ¼ de limão-taiti ou siciliano
½ ramo de alecrim fresco
1 colher (chá) de alho amassado
Uma pitada de sal marinho
Uma pitada de pimenta-do-reino
340 g de filé de carne

Faça o arroz: coloque o caldo em uma panela e deixe ferver. Coloque todos os outros ingredientes na panela, tampe e deixe ferver novamente. Cozinhe em fogo baixo, com a panela tampada, mexendo de vez em quando, por cerca de 30 minutos ou até obter a consistência desejada.

Para a carne, preaqueça o forno elétrico. Misture o suco de limão, o alecrim, o alho, o sal marinho e a pimenta-do-reino e unte a carne com a mistura. Asse no forno elétrico em temperatura alta até o ponto desejado. Sirva com o arroz.

Filé-mignon suíno com brócolis e abacaxi

Fase 1

1 porção

Suco de ½ limão-siciliano
¼ de colher (chá) de alho picado
¼ de colher (chá) de salsa
Uma pitada de alecrim
Uma pitada de orégano
Uma pitada de sal marinho
Uma pitada de stevia
Uma pitada de canela em pó
110 g a 170 g de filé suíno fatiado
3 xícaras de buquês de brócolis
½ xícara de abacaxi grelhado ou 2 fatias

Prepare a marinada: misture o suco de limão, o alho, a salsa, o alecrim, o orégano, o sal, a stevia e a canela em uma tigela pequena. Coloque a carne em um saco plástico com fecho e depois coloque a marinada. Feche bem e coloque o saco na geladeira. Deixe marinar por 30 minutos no mínimo, ou durante a noite.

Prepare a churrasqueira ou a grelha. Escorra a carne e asse em fogo alto por cerca de 5 a 6 minutos, virando apenas uma ou duas vezes. (A temperatura alta evita que a carne resseque.)

Tire a carne da grelha e mantenha-a aquecida. Coloque os buquês de brócolis e o abacaxi na grelha e asse por 30 segundos de cada lado. Tire e sirva com o filé-mignon suíno.

Nota: se não tiver uma grelha, faça a carne no forno elétrico. Aqueça a assadeira primeiro, depois coloque a carne; acrescente o brócolis e o abacaxi pouco antes de servir.

Grapefruit assado com canela

Fase 1

1 porção

1 grapefruit
¼ de colher (chá) de canela
Uma pitada de cardamomo (opcional)
Uma pitada de noz-moscada (opcional)

Descasque e separe os gomos do grapefruit. Tempere com a canela, o cardamomo e a noz-moscada. Asse no forno a 190°C por 20 minutos, ou até a canela caramelizar.

Pera asiática com cacau

Fase 1

1 porção

1 pera asiática
½ a 1 colher (chá) de cacau em pó

Fatie a pera e cubra com o cacau. Coma crua ou asse por 10 minutos (ou coloque no micro-ondas por 30 segundos) antes de servir.

Melancia para queimar gordura

Fase 1

1 porção

½ xícara de melancia cortada
¼ de colher (chá) de pimenta-cumari em pó
1 colher (chá) de suco de limão-siciliano

Cubra a melancia com a pimenta-cumari em pó e o suco de limão.

Vitamina de melancia

Fase 1

1 porção

½ xícara de melancia em cubos
2 colheres (sopa) de suco de limão-siciliano
2 gotas de essência de hortelã
1 folha de hortelã

Congele a melancia. Bata os cubos de melancia no liquidificador com o suco de limão e a essência de hortelã. Decore com a folha de hortelã.

Fique amigo do seu freezer

Costumo recomendar alimentos orgânicos e não processados, mas lembre-se de que, pelo fato de não terem conservantes químicos, não duram muito. Por isso, quando cozinhar alimentos frescos, prepare várias porções e congele o que não for consumido em porções individuais, marcadas de acordo com a fase. O freezer será seu melhor amigo neste programa, principalmente se você for muito ocupado e só tiver tempo para cozinhar uma ou duas vezes por semana. As carnes e os pães de grãos germinados, em especial, devem ficar no freezer e ser descongelados um dia antes de serem consumidos para evitar que estraguem, que fiquem mofados ou fermentem.

Receitas da fase 2

Lanches rápidos da fase 2

Na fase 2, os lanches têm tudo a ver com carne magra, e meu lanche favorito é a carne-seca curada. A maioria, no entanto, está cheia de conservantes, como os nitratos. Como é difícil encontrar a carne-seca sem nitrato (fique de olho também no açúcar), você pode fazer em casa. Tive uma paciente que adorava carne seca, por isso preparava para todos os oito dias e dezesseis lanches da fase 2. Ela me ajudou a criar a receita de carne-seca deste livro, que você encontra na p. 235.

A única dificuldade de minha paciente era manter a família longe da deliciosa carne-seca caseira. Então eu a aconselhei a dividir as porções em saquinhos e guardar no freezer dentro de um saco de papel escrito: "Lanches nojentos da fase 2". Funcionou! Deu tudo certo, e a família ficou incrédula com seu emagrecimento. Você pode fazer a mesma coisa para enganar a família. Vale muito a pena ter carne-seca pronta para todos os lanches desta fase.

Muitos pacientes adoram envolver os talos de aipo, aspargos ou qualquer outro vegetal com fatias de carne-seca, o que é muito prático na fase 2. Você também pode comprar rosbife ou peru fatiado, dividir em saquinhos com fecho (cerca de 3 a 4 fatias finas por saquinho) junto com vegetais e guardá-los na geladeira, para ter sempre um lanche rápido à mão.

Café da manhã da fase 2

Claras de ovos mexidas
Omelete de claras de ovos, cogumelos e espinafre
Bacon de peru com aipo, sal marinho e limão

Saladas, sanduíches e sopas da fase 2

Pimentão vermelho recheado com salada de atum
Salada de atum e pepino
Salada de espinafre e carne
Wrap de rosbife, raiz forte e pepino

Wrap de rosbife, alface e mostarda
Wrap de alface com aspargos e carne
Wrap de frango fatiado
Sopa de frango e legumes
Sopa de carne, couve e alho-poró
Sopa de carne e repolho
Molho de salada e patê vegetariano da fase 2

Pratos principais da fase 2

Peixe picante e couve com alho e limão-siciliano
Linguado grelhado com brócolis
Frango assado com canela e mostarda e espinafre com alho e limão-siciliano
Filé com brócolis no vapor
Pimentão vermelho recheado
Lombo suíno com pimenta vermelha

Lanches da fase 2

Carne seca de peru
Salmão defumado e pepino
Canapé de ostras
Pimenta-verde recheada com rosbife
Ostras na concha
Cogumelos recheados

Claras de ovos mexidas

Fase 2

1 porção

1 colher (sopa) de cebola picada
1 colher (sopa) de echalota picada
1 colher (sopa) de pimenta-verde picada

½ xícara de espinafre picado
Claras de 3 ovos (ou ½ xícara de claras)
¼ de colher (chá) de salsa ou coentro secos ou
1 colher (chá) de salsa ou coentro frescos
¼ de colher (chá) de flocos de pimenta vermelha amassados
Uma pitada de sal marinho

Em uma frigideira antiaderente, aqueça 1 colher (chá) de água e cozinhe a cebola, a echalota, o alho e a pimenta até ficarem macios. Misture o espinafre e deixe murchar. Junte as claras e mexa. Deixe as claras cozinhar até obter a consistência desejada. Espalhe a salsa, a pimenta e o sal antes de servir.

Omelete de claras de ovos, cogumelos e espinafre

Fase 2

1 porção

1 colher (sopa) de cebola picada
1 colher (sopa) de cebola roxa picada
1 colher (sopa) de alho picado)
½ xícara de espinafre picado
¼ de xícara de cogumelos picados
Claras de 3 ovos (ou ½ xícara de claras)
Uma pitada de sal marinho

Aqueça a cebola, a cebola roxa e o alho em uma frigideira antiaderente até ficarem macios. Misture o espinafre e os cogumelos picados, cozinhando até o espinafre ficar murcho. Acrescente as claras e misture. Deixe as claras cozinhar até obter a consistência desejada. Tempere com o sal antes de servir.

Peito de peru com aipo

Fase 2

1 porção

4 fatias de peito peru defumado (cerca de 80 g a 100 g)
2 talos de aipo
1 colher (chá) de suco de limão
Sal marinho a gosto

Frite o peito de peru em uma frigideira antiaderente por 4 minutos de um lado e 3 minutos do outro. Tempere os talos de aipo com o suco de limão e sal. Sirva juntos.

Pimentão vermelho recheado com salada de atum

Fase 2

2 porções

140 g de atum em água
3 pepinos tipo japonês pequenos, bem picados
½ xícara de manjericão fresco bem picado
2 colheres (sopa) de cebola roxa bem picada
2 colheres (sopa) de suco de limão-siciliano
1 colher (sopa) de mostarda
Uma pitada de sal marinho
Uma pitada de pimenta-do-reino
1 pimentão vermelho cortado no meio, sem as sementes

Escorra o atum. Coloque em uma tigela pequena e misture o pepino, o manjericão e a cebola. Acrescente o suco de limão, a mostarda, sal e pimenta. Coloque a mistura nas metades do pimentão. Sirva e aprecie!

Salada de atum e pepino

Fase 2

2 porções

140 g de atum em água
3 pepinos tipo japonês pequenos, picados
½ xícara de manjericão fresco bem picado
2 colheres (sopa) de suco de limão-siciliano
1 colher (sopa) de mostarda
Uma pitada de sal
Uma pitada de pimenta-do-reino
2 xícaras de espinafre, repolho ou couve picados
4 a 8 colheres (sopa) do molho de salada da fase 2 (p. 229)

Escorra bem o atum. Coloque em uma tigela pequena e misture o pepino, o manjericão, a cebola, o suco de limão e a mostarda. Tempere com sal e pimenta a gosto. Sirva a salada de atum sobre uma camada de espinafre, repolho ou couve. Regue com o molho de salada.

Salada de espinafre e carne

Fase 2

1 porção

110 g a 140 g de contrafilé
½ colher (chá) de alho picado
½ colher (chá) de sal marinho
Uma pitada de pimenta
2 xícaras de espinafre picado
½ xícara de pepino picado
¼ de xícara de cebola roxa picada
¼ de xícara de pimenta-verde ou vermelha picada
¼ de pimentão vermelho picado
Suco de ½ limão
1 a 2 colheres (sopa) de coentro fresco
2 a 4 colheres (sopa) de molho de salada da fase 2 (p. 229)

Preaqueça o forno elétrico com a assadeira dentro, para deixá-la quente. Tire o excesso de gordura da carne. Tempere a carne com o alho, sal e pimenta.

Coloque a carne na assadeira do forno elétrico por 7 a 15 minutos, dependendo do ponto desejado (você pode dividir o filé no meio se quiser a carne bem passada sem queimar por fora).

Enquanto a carne assa, misture o espinafre, o pepino, a cebola, a pimenta e o pimentão em uma tigela. Acrescente o suco de limão e o coentro. Reserve.

Fatie a carne em tiras de 4 cm e sirva sobre a salada. Tempere com o molho de salada antes de servir.

Wrap de rosbife, raiz-forte e pepino

Fase 2

1 porção

1 a 2 colheres (sopa) de raiz-forte
60 g a 85 g de fatias de rosbife
1 pepino sem casca cortado em palitos
Sal marinho a gosto

Passe a raiz-forte nas fatias de rosbife e enrole-as em torno dos palitos de pepino. Tempere com sal e sirva.

Wrap de rosbife, alface e mostarda

Fase 2

1 porção

60 g a 85 g de fatias de rosbife
1 a 2 colheres (sopa) de mostarda
2 a 4 folhas de alface romana
Coentro (opcional)

Flocos de pimenta vermelha amassados (opcional)
Suco de limão (opcional)

Passe a mostarda nas fatias de rosbife. Enrole com as folhas de alface. Cubra com o coentro, a pimenta e o suco de limão e sirva.

Wraps de alface com carne e aspargos

Fase 2

2 porções

1 bife de 280 g cortado em tiras
8 aspargos limpos
Suco de ½ limão
½ colher (chá) de alho picado
½ colher (chá) de coentro seco ou 1 colher (chá) de coentro fresco
½ colher (chá) de sal marinho
¼ de colher (chá) de pimenta-do-reino
¼ de colher (chá) de flocos de pimenta vermelho amassados
Mostarda ou vinagre balsâmico a gosto
4 folhas de alface romana

Preaqueça o forno elétrico e coloque a assadeira dentro, para esquentá-la.

Faça um pacotinho de papel-alumínio para a carne e os aspargos. Em uma tigela, misture o suco de limão, o alho, o coentro, sal, pimenta e os flocos de pimenta amassados. Coloque sobre a carne e os aspargos e feche o alumínio. Coloque o pacotinho de papel-alumínio na assadeira do forno elétrico e cozinhe por 20 a 25 minutos, dependendo do ponto desejado.

Retire o pacotinho de papel-alumínio do forno elétrico e abra-o cuidadosamente, deixando sair o calor e a carne esfriar.

Coloque o líquido em uma tigela pequena e misture com um pouco de mostarda ou vinagre balsâmico.

Arrume 2 folhas de alface romana no prato. Coloque metade da mistura de carne e aspargos em cada folha de alface e cubra com as outras duas folhas. Enrole e aprecie!

Nota: Se tiver sobras ou quiser dobrar a receita, reserve o resto da carne com aspargos para o almoço do dia seguinte, envolva com folhas de alface e regue com o molho de salada da fase 2 (p. 229), se desejar.

Wrap de frango fatiado

Fase 2

1 porção

1 a 2 colheres (sopa) de mostarda
60 g a 85 g de frango (ou peru) assado e fatiado
2 a 3 folhas de alface romana
Coentro fresco (opcional)
Flocos de pimenta vermelha amassados (opcional)
Suco de limão (opcional)

Passe a mostarda no frango e enrole com as folhas de alface. Tempere com o coentro, a pimenta e o suco de limão antes de servir.

Sopa de frango e legumes

Fase 2

6 a 8 porções (porção: 3 xícaras)

1 frango inteiro ou pedaços de frango, sem pele
1 xícara de cebola picada
6 a 8 dentes de alho picados
8 xícaras de caldo de galinha
8 xícaras de legumes frescos ou congelados picados, incluindo repolho, brócolis, aipo, espinafre, couve, aspargos, alho-poró, cogumelo e cebolinha
1 colher (sopa) de salsa ou coentro

1 colher (chá) de alecrim fresco ou seco
½ colher (chá) de manjericão fresco ou seco
½ colher (chá) de orégano fresco ou seco
¼ de colher (chá) de tomilho fresco ou seco
1 folha de louro
Sal marinho
Pimenta-do-reino branca e preta

Coloque o frango em uma panela grande junto com o caldo e 8 xícaras de água. Junte os legumes e as ervas. Deixe ferver, reduza o fogo e cozinhe por 1 hora.

Deixe esfriar. Retire e desosse o frango. Coloque a carne do frango na sopa e reaqueça. Tempere com sal e pimenta e sirva.

Sopa de carne, couve e alho-poró

Fase 2

6 a 8 porções

900 g de carne bovina ou de carneiro sem osso
4 xícaras de caldo de legumes
4 xícaras de caldo de carne
3 xícaras de couve picada (sem os talos)
2 xícaras de baby espinafre
2 xícaras de cogumelos picados
1 xícara de alho-poró (partes verde e branca)
1 xícara de aipo picado
6 cebolinhas picadas (partes brancas e verdes)
¼ de cebola roxa picada
1 colher (sopa) de alho picado
1 colher (sopa) de sal marinho
½ colher (chá) de pimenta-do-reino

Doure a carne. Depois, coloque todos os ingredientes em uma panela elétrica e cozinhe em temperatura baixa por 6 a 8 horas, ou alta por 4 a 5 horas.

Sopa de carne e repolho

Fase 2

6 a 8 porções (porção: 3 xícaras)

½ xícara de cebola roxa picada
2 colheres (sopa) de alho picado
900 g de carne para ensopado
230 g de pimentas-cumari assadas em conserva, cortadas em cubos
1 colher (sopa) de coentro picado
½ colher (chá) de flocos de pimenta vermelha amassados
½ colher (chá) de pimenta-do-reino
4 xícaras de caldo de carne
4 xícaras de caldo de legumes
8 xícaras de água
12 xícaras de folhas de repolho branco rasgadas
2 colheres (sopa) de sal marinho

Em uma panela antiaderente grande, em fogo médio, cozinhe a cebola e o alho com duas colheres de água até ficarem macios. Junte a carne, as pimentas-cumari, o coentro, a pimenta vermelha e o pimentão. Mexa até cobrir a carne com os temperos.

Acrescente os caldos, mais 8 copos de água. Aumente o fogo. Quando a sopa ferver, reduza para fogo médio. Acrescente o repolho e o sal. Cozinhe por cerca de 1 hora, mexendo de vez em quando. Sirva imediatamente.

Nota: Você também pode colocar tudo em uma panela elétrica e deixar cozinhar em temperatura baixa por 6 a 8 horas.

Molho de salada e patê vegetariano

Fase 2

Rende cerca de ¾ de xícara

½ xícara de pepino picado
1 dente de alho

3 colheres (chá) de vinagre de maçã ou balsâmico
2 colheres (chá) de coentro ou salsa
1 colher (chá) de dill
½ colher (chá) de stevia
Uma pitada de sal marinho

Coloque todos os ingredientes no liquidificador e bata até obter uma consistência suave.

Peixe picante e couve com alho e limão

Fase 2

1 porção

1 colher (sopa) de suco de limão
1 colher (chá) de pimenta-cumari em pasta
¼ de colher (chá) de flocos de pimenta vermelha amassados
½ colher (chá) de coentro picado
Uma pitada de sal marinho
Uma pitada de pimenta-do-reino
170 g de filé de peixe branco (linguado, bacalhau, tilápia)

COUVE COM ALHO E LIMÃO-SICILIANO

1 colher (sopa) de suco de limão-siciliano
1 colher (chá) de alho picado
3 xícaras de couve picada (sem os talos)

Em uma tigela pequena, misture o suco de limão, a pimenta-cumari em pasta, a pimenta vermelha, o coentro, sal e pimenta-do-reino. Coloque o peixe em uma assadeira forrada com papel-alumínio e cubra com a marinada.

Preaqueça o forno a 150°C. Asse o peixe, sem cobrir, por 20 a 30 minutos, dependendo da espessura do peixe.

Enquanto isso, misture 1 colher (sopa) de água com o suco de limão-siciliano e o alho em uma panela antiaderente.

Acrescente a couve e cozinhe em fogo médio até ficar macia, mas ainda verdinha.

Tempere com sal e pimenta e sirva com o peixe.

Linguado grelhado com brócolis

Fase 2

1 porção

1 colher (chá) de suco de limão-taiti ou siciliano
½ colher (chá) de stevia
½ colher (chá) de mostarda seca
Uma pitada de canela em pó (opcional)
170 g de filé de linguado ou de outro peixe branco
2 xícaras de buquês de brócolis
Sal marinho
Pimenta-do-reino moída na hora

Preaqueça o forno elétrico com a assadeira dentro, para esquentá-la.

Em uma tigela pequena, misture o suco de limão com stevia, a mostarda e a canela e regue o peixe. Com uma luva térmica, retire a assadeira do forno elétrico; coloque o peixe e asse por 12 a 15 minutos.

Enquanto isso, cozinhe o brócolis. Ferva entre 2,5 cm e 5 cm de água em uma panela a vapor. Coloque o brócolis, tampe e cozinhe por 4 a 6 minutos, até ficar macio. Tempere com sal e pimenta antes de servir com o peixe.

Frango assado com canela e mostarda e espinafre com alho e limão-siciliano

Fase 2

6 a 8 porções

2 colheres (sopa) de suco de limão-siciliano
¼ de colher (chá) de canela em pó
1 colher (chá) de mostarda seca
1 colher (chá) de stevia
900 g de peito de frango sem osso e sem pele

ESPINAFRE COM ALHO E LIMÃO-SICILIANO

1 colher (sopa) de suco de limão-siciliano
1 colher (chá) de alho picado
3 xícaras de espinafre baby
Sal marinho e pimenta-do-reino

Preaqueça o forno a 180°C. Enquanto o forno aquece, prepare o tempero do frango.

Misture o suco de limão, a canela, a mostarda e o adoçante em uma tigela pequena.

Coloque o frango em uma assadeira, regue com o tempero e cubra com papel-alumínio. Asse o frango no forno por 40 minutos.

Aumente a temperatura do forno para 200°C, retire o papel-alumínio e asse o frango por mais 15 minutos.

Prepare o espinafre. Em uma panela antiaderente, cozinhe o alho e o espinafre no suco de limão com 1 colher (sopa) de água. Tempere com sal e pimenta.

Filé com brócolis no vapor

Fase 2

1 porção

140 g a 170 g de contrafilé
½ colher (chá) de alho picado
½ colher (chá) de sal marinho
Uma pitada de pimenta-do-reino
3 xícaras de buquês de brócolis

Preaqueça o forno elétrico com a assadeira dentro, para esquentá-la. Tire o excesso de gordura da carne. Esfregue ambos os lados da carne com o alho, sal e pimenta. Coloque o filé na assadeira quente e asse por 7 a 15 minutos, até obter o ponto desejado. (Se quiser o filé bem passado sem queimar por fora, corte o filé na metade.)

Enquanto isso, cozinhe o brócolis. Ferva 2,5 a 5 cm de água em uma panela a vapor. Coloque o brócolis, tampe e cozinhe por 4 a 6 minutos, até ficar macio.

Tempere com sal marinho e pimenta antes de servir com o filé.

Nota: gosto de fazer um pouco mais de carne para fatiar e comer com a salada no almoço ou no jantar do dia seguinte.

Pimentão vermelho recheado

Fase 2

6 porções

900 g de carne moída magra
1 xícara de cebola roxa picada
1 xícara de aipo em cubos
3 colheres (sopa) de coentro picado
3 colheres (sopa) de alho picado
1 ½ colher (chá) de sal marinho
1 colher (chá) de pimenta-do-reino

1 colher (chá) de orégano
1 colher (chá) de manjericão seco
1 xícara de espinafre baby
6 pimentões vermelhos

Preaqueça o forno a 190°C. Doure a carne e a cebola em uma frigideira antiaderente grande, em fogo médio. Diminua o fogo e acrescente o aipo, o coentro, o alho, o sal, a pimenta, o orégano e o manjericão. Quando a carne estiver completamente dourada, tire a mistura do fogo e junte o espinafre.

Lave os pimentões; tire a tampa e as sementes. Recheie cada pimentão com ½ xícara a ¾ de xícara da mistura de carne. Coloque os pimentões em uma assadeira de vidro com 2 colheres (sopa) de água no fundo. Cubra com papel-alumínio e asse por 50 minutos.

Tire os pimentões recheados do forno; retire o papel-alumínio. Aumente a temperatura do forno para 200°C e asse por mais 10 minutos. Deixe esfriar um pouco antes de servir.

Lombo suíno com pimenta vermelha

Fase 2

8 porções

1,2 kg de lombo suíno
1 xícara de pimenta vermelha picada
1 xícara de suco de pimenta vermelha
1 colher (chá) de pimenta-do-reino
½ colher (chá) de sal marinho
¼ de colher (chá) de orégano
¼ de colher (chá) de manjericão seco
Uma pitada de alecrim seco
Uma pitada de mostarda seca
3 xícaras de brócolis, espinafre ou aspargos, picados, cozidos no vapor

Coloque todos os ingredientes, com exceção do legume, na panela elétrica e cozinhe em temperatura baixa por 6 a 8 horas ou em temperatura alta por 4 a 5 horas. Sirva com brócolis, espinafre ou aspargos cozidos no vapor.

Carne-seca de peru

Fase 2

4 a 5 porções

Esta carne-seca também pode ser feita com coxão mole, carne de búfalo, linguado ou outra carne.

- 900 g a 1,2 kg de filé de peito de peru orgânico
- ¼ de xícara de tamari
- Suco de limão-taiti ou limão-siciliano
- ½ colher (chá) de sal com cebola em pó
- ¼ de colher (chá) de alho em pó
- ¼ de colher (chá) de pimenta-do-reino
- Uma pitada de sal marinho
- Uma pitada de flocos de pimenta vermelha amassados

Retire todo o excesso de gordura da carne. Corte em tiras de aproximadamente 12 cm de comprimento por 2 cm de largura. Coloque todos os outros ingredientes em um saco plástico grande, com fecho. Coloque a carne no saco plástico, feche e mexa bem para cobrir toda a carne com o tempero. Coloque na geladeira e deixe marinar por 8 horas ou durante a noite.

Escorra e descarte a marinada. Coloque a carne no forno, em grelhas, com uma folha de papel-alumínio por baixo, ou use um desidratador. Deixe um espaço de 0,5 cm entre as tiras sobre a grelha. Asse a 100°C por 6 a 7 horas ou até a carne ficar bem seca.

Tire do forno e deixe esfriar completamente. Guarde na geladeira ou no freezer, em uma embalagem hermeticamente fechada.

Salmão defumado e pepino

Fase 2

1 porção

85 g de salmão
1 a 2 xícaras de pepino fatiado
1 colher (chá) de suco de limão
Uma pitada de dill
Uma pitada de pimenta-do-reino branca

Corte o salmão defumado em fatias finas. Regue as fatias de pepino com o suco de limão; cubra com o dill e a pimenta. Sirva com as fatias de salmão.

Canapé de ostras

Fase 2

2 porções

1 pepino grande
1 lata de 85 g de ostras em água
1 colher (chá) de suco de limão-siciliano
Sal marinho e pimenta a gosto

Corte o pepino em fatias de 1 cm.

Escorra as ostras.

Cubra as fatias de pepino com as ostras e regue com o suco de limão.

Pimenta-verde recheada com rosbife

Fase 2

1 porção

30 g a 60 g de rosbife
1 pimenta-verde inteira

Corte a pimenta ao meio e recheie com o rosbife.

Ostras na concha

Fase 2

1 porção

3 ostras cruas

Decore as ostras com raiz-forte e limão-siciliano.

Cogumelos recheados

Fase 2

4 porções

170 g de carne magra moída
¼ de xícara de cebola picada
1 xícara de espinafre picado
1 colher (chá) de alho
4 cogumelos Portobello grandes
Sal marinho e pimenta a gosto
4 colheres (sopa) de caldo de legumes orgânico

Doure os quatro primeiros ingredientes em uma panela. Divida a mistura em quatro porções e recheie os cogumelos. Tempere com sal e pimenta a gosto.

Coloque 1 colher (sopa) de caldo de legumes orgânico em cada um dos cogumelos, cubra com papel-alumínio e asse por 15 minutos no forno a 200°C. Sirva quente (ou congele e reaqueça quando for consumir).

Receitas da fase 3

Lanches rápidos da fase 3

Um dos lanches mais rápidos e gostosos da fase 3 são as sementes e oleaginosas. Elas têm gordura e proteína e são perfeitas para levar onde você quiser. Uma de minhas pacientes prepara os saquinhos para as quatro semanas de uma vez só. Ela coloca um pouco de amêndoa, castanha de caju, pistache ou semente de abóbora em 24 saquinhos; depois guarda em um saco de papel identificado como "Lanches da fase 3", e coloca na geladeira. Pronto!

Eu às vezes compro também pacotes de camarão congelado pré-cozido. Coloco 8 a 10 camarões em vários recipientes com alguns pedaços de limão em cada um; depois congelo ou guardo na geladeira (quando pretendo comer no dia seguinte). Assim, tenho meu coquetel de camarão para os três dias seguintes. Basta acrescentar algumas fatias de abacate, e tenho um lanche gourmet ou uma entrada para o jantar.

Café da manhã da fase 3

Torrada com frutas vermelhas
Torrada com homus e pepino
Ovo e torrada com tomate e cebola roxa
Vitamina de aveia com frutas vermelhas
Mingau de aveia com frutas vermelhas

Saladas, sanduíches e sopas da fase 3

Salada de atum e endívia
Salada de camarão
Salada de três ovos
Salada de tomate e azeitona
Molho para salada e patê vegetariano da fase 3
Enroladinho de peru com homus
Wrap de alface com peru e abacate
Cozido de lentilha

Pratos principais da fase 3

Quesadillas de abacate
Refogado de frango com gergelim
Frango com curry de coco
Risoto de frango e quinoa
Arroz e frango com gergelim
Salmão assado e batata-doce
Cozido mexicano com abacate
Lombo suíno com alecrim e batata-doce
Refogado de camarão e vegetais com macarrão de quinoa
Linguado com crosta de pecã e coco com alcachofra e patê

Lanches da fase 3

Aipo recheado com manteiga de amêndoas
Nabo mexicano com limão
Homus de feijão-branco e dill
Guacamole cremoso
Homus de batata-doce e pepino

Torrada com frutas vermelhas

Fase 3

1 porção

1 fatia de pão feito com grãos germinados
3 colheres (sopa) de manteiga de oleaginosas ou sementes cruas
½ xícara de frutas vermelhas
Uma pitada de canela
Uma pitada de stevia (opcional)
¼ a ½ xícara de nabo mexicano cru
½ colher (chá) de suco de limão

Torre o pão. Passe a manteiga na torrada e cubra com as frutas vermelhas. Coloque uma pitada de canela e uma pitada de adoçante. Sirva com o nabo cru temperado com stevia e suco de limão.

Torrada com homus e pepino

Fase 3

1 porção

1 fatia de pão feito com grãos germinados
2 colheres (sopa) de homus
½ xícara de pepino em fatias bem finas
½ tomate médio fatiado
1 folha de manjericão (opcional)
Uma pitada de sal marinho
Uma pitada de pimenta-do-reino

Torre o pão. Passe o homus e coloque as fatias de pepino e tomate por cima.

Coloque a folha de manjericão por cima e tempere com sal e pimenta.

Ovo e torrada com tomate e cebola roxa

Fase 3

1 porção

1 fatia de pão de grãos germinados
1 ovo grande
¼ de colher (chá) de azeite
½ tomate médio fatiado
¼ de cebola roxa fatiada
Sal marinho
Pimenta-do-reino

Torre o pão. Frite o ovo no óleo ou azeite e coloque por cima da torrada. Coloque o tomate e a cebola por cima. Tempere com sal e pimenta a gosto.

Vitamina de aveia com frutas vermelhas*

Fase 3

1 porção

½ xícara de aveia
¼ de xícara de sementes de girassol cruas
½ xícara de frutas vermelhas congeladas
½ xícara de cubos de gelo
1 sachê de stevia
Canela em pó a gosto

Coloque a aveia no liquidificador e bata até virar pó. Acrescente as sementes de girassol e continue a bater até virar pó. Desligue o liquidificador e acrescente 1 xícara de água e o restante dos ingredientes. Bata até ficar cremoso.

* Não se esqueça de comer com uma porção de vegetais da fase 3.

Mingau de aveia com frutas vermelhas*

Fase 3

1 porção

Gosto de fazer toda a caixa de aveia de uma vez e depois congelar com as frutas vermelhas, a canela e a stevia em porções de 1½ xícara. Assim, posso tirar do freezer e aquecer em poucos minutos. Acrescente as oleaginosas e as sementes depois de aquecer.

½ xícara de aveia laminada
½ xícara de frutas vermelhas
¼ de xícara de oleaginosas ou sementes cruas

Stevia
Canela em pó

Misture a aveia com 1 xícara de água em uma tigela. Tampe e deixe de molho durante a noite na geladeira. Na manhã seguinte, cozinhe a aveia em uma panela por aproximadamente 30 minutos. Cubra com as frutas, as oleaginosas ou sementes. Coloque stevia e canela a gosto.

* Não se esqueça de comer com uma porção de vegetais da fase 3.

Salada de atum com endívia

Fase 3

1 porção

Esta receita pode ser usada no almoço; a meia porção pode ser usada como lanche.

140 g de atum sólido em água
¼ de xícara de cebola roxa picada
¼ de xícara de aipo em cubos
¼ de xícara de pepino em cubos
¼ de xícara de gomos de grapefruit
1 colher (sopa) de homus
Uma pitada de sal marinho
Uma pitada de pimenta-do-reino
Folhas frescas de endívia

Escorra o atum e coloque em uma tigela pequena. Misture a cebola, o aipo, o pepino e o grapefruit. Junte o homus e misture bem. Tempere com sal e pimenta a gosto.

Coloque a salada de atum sobre as folhas de endívia e sirva.

Salada de camarão

Fase 3

1 porção

Você também pode servir esta salada sobre um barquinho de endívia ou de pimentão vermelho no almoço, ou usar meia porção como lanche.

½ xícara de tomates-cereja em cubos
¼ de xícara de aipo bem picado
1 colher (sopa) de cebola roxa bem picada
2 colheres (sopa) de homus
1 colher (sopa) de suco de limão
½ colher (chá) de coentro ou salsa
110 g a 140 g de camarão cozido
2 a 4 xícaras de espinafre ou folhas variadas

Em uma tigela pequena, misture os tomates, o aipo e a cebola. Junte o homus, o suco de limão e o coentro. Acrescente o camarão.

Sirva sobre o espinafre ou folhas variadas.

Salada de três ovos

Fase 3

1 porção

3 ovos cozidos, descascados e sem as gemas
1 colher (chá) de açafrão
¾ de colher (sopa) de mostarda
2 colheres (sopa) de azeitona preta picada
2 colheres (sopa) de pepino picado
½ colher (chá) de cebola roxa picada (opcional)
Uma pitada de sal marinho
2 xícaras de espinafre ou folhas variadas

Pique as claras de ovo e o ovo inteiro. Passe para uma tigela pequena. Junte a mostarda e misture bem. Acrescente as azeitonas, o pepino e a cebola. Tempere com sal marinho.

Coloque a salada de ovos sobre uma camada de espinafre ou folhas variadas e sirva.

Salada de tomate e azeitona

Fase 3

1 porção

2 tomates italianos picados
¼ de xícara de azeitonas picadas
¼ de xícara de cebola roxa picada
1 colher (sopa) de azeite
½ colher (sopa) de vinagre balsâmico
5 folhas frescas de manjericão picadas
Sal marinho
Pimenta-do-reino

Misture os tomates, as azeitonas e a cebola em uma tigela. Junte o azeite e o vinagre. Cubra com o manjericão e tempere a gosto com sal e pimenta.

Molho de salada e patê vegetariano

Fase 3

Rende ¼ de xícara

2 colheres (sopa) de óleo de gergelim
2 colheres (sopa) de suco de limão
1 colher (chá) de alho amassado
Sal marinho
Pimenta-do-reino

Misture os ingredientes e tempere com sal e pimenta a gosto. Use como molho ou patê.

Enroladinho de peru com homus

Fase 3

1 porção

2 a 3 fatias de peito de peru
2 colheres (sopa) de homus

Passe o homus nas fatias de peito de peru, enrole e aprecie!

Wrap de alface com peru e abacate

Fase 3

1 porção

1 tortilha feita com grãos germinados*
2 colheres (sopa) de homus
1 colher (sopa) do molho que preferir
½ xícara de carne de peito de peru bem picada
1 xícara de rúcula
½ abacate em fatias finas
Sal marinho e pimenta

Aqueça a tortilha em uma frigideira seca ou no micro-ondas. Cubra com o homus e o molho, espalhando uniformemente. Coloque a carne e cubra com a rúcula e o abacate; tempere com sal e pimenta a gosto. Enrole e aprecie!

* Se fizer esta receita para o jantar, pode trocar a tortilha por 2 a 4 folhas de alface romana.

Cozido de lentilha

Fase 3

3 porções (porção: 1½ xícara)

1 colher (sopa) de azeite
1 cebola pequena em cubos
3 dentes de alho picados
½ xícara de cenoura bem fatiada
Sal marinho e pimenta-do-reino
4 xícaras de lentilhas cozidas
Tamari e óleo de coco a gosto
¾ de xícara de caldo de galinha ou de legumes

Aqueça o azeite em uma panela média, em fogo médio. Refogue a cebola por 7 minutos, até ficar transparente. Junte o alho e refogue por mais 1 minuto, até ficar perfumado. Junte a cenoura, sal e pimenta. Tampe e mexa de vez em quando, até a cenoura ficar macia.

Acrescente a lentilha e o tamari; cozinhe por 5 minutos. Junte o caldo e cozinhe por mais 5 minutos.

Quesadillas de abacate

Fase 3

1 porção

1 tortilha feita com grãos germinados
Azeite
Sal marinho a gosto
Orégano, manjericão e alecrim, secos ou frescos e picados
½ abacate
Suco de ¼ de limão
¼ de colher (chá) de açafrão

Preaqueça o forno a 170°C. Passe o azeite sobre a tortilha e tempere com sal; espalhe as ervas e asse por aproximadamente 10 minutos, até ficar crocante.

Enquanto isso, misture o abacate, o suco de limão e a maionese. Tire a tortilha do forno e espalhe a mistura de abacate. Sirva.

Refogado de frango com gergelim

Fase 3

6 a 8 porções

900 g a 1,1 kg de peito de frango orgânico sem osso e sem pele
4 colheres (sopa) de óleo de gergelim torrado
½ xícara de cebola roxa picada
2 colheres (sopa) de alho picado
1 colher (sopa) de gengibre ralado
¼ de colher (chá) de flocos de pimenta vermelha amassados
1 colher (chá) de coentro picado ou salsa seca
1½ xícara de brócolis picado
1½ xícara de abobrinha picada
1½ xícara de folhas de repolho branco rasgadas
Sal marinho
Pimenta-do-reino moída na hora
¼ de xícara de gergelim torrado
4 xícaras de quinoa cozida, quente

Corte o frango em pedaços de 2,5 cm e reserve. Aqueça uma grande frigideira antiaderente e coloque 3 colheres (sopa) de óleo de gergelim. Refogue a cebola por 5 a 7 minutos, até ficar macia. Acrescente o alho e o gengibre; refogue por mais 1 minuto, até ficar perfumado.

Junte o frango, os flocos de pimenta vermelha e o coentro. Doure o frango por alguns minutos, acrescente o brócolis e cozinhe por 2 minutos. Acrescente a abobrinha e o repolho e refogue até os vegetais ficarem macios. Se necessário, acrescente mais 1 colher (sopa) de óleo de gergelim.

Tempere com sal e pimenta a gosto. Espalhe o gergelim e sirva sobre a quinoa cozida.

Frango com curry de coco

Fase 3

4 porções

1 colher (sopa) de azeite
1 cebola média, em cubos
1 colher (chá) de sal marinho
2 colheres (chá) de curry em pó
400 ml de leite de coco
1 xícara de tomate em lata picado
2 colheres (sopa) de extrato de tomate
450 g de peito de frango orgânico sem osso e sem pele, em cubos de 2,5 cm
3 xícaras cheias de espinafre baby
½ xícara de quinoa cozida, quente

Aqueça o azeite em uma frigideira grande. Refogue a cebola com o sal em fogo médio por cerca de 7 minutos, até ficar transparente. Junte o curry e refogue por mais 1 minuto, mexendo até cobrir toda a cebola com o curry.

Junte o leite de coco, os tomates e o extrato de tomate. Cozinhe por 5 minutos, mexendo de vez em quando, até o molho engrossar um pouco. Acrescente o frango e cozinhe por 5 a 6 minutos, ou até cozinhar o frango completamente.

Misture o espinafre e cozinhe por 3 minutos, ou até murchar.

Experimente e acerte o tempero com um pouco mais de sal, se necessário.

Sirva quente sobre a quinoa.

Risoto de frango e quinoa

Fase 3

6 a 8 porções

1½ kg de peito de frango sem pele e sem osso
4 colheres (sopa) de azeite
1 cebola pequena em fatias finas
1 pimentão vermelho, sem sementes, em fatias finas
1 pimentão amarelo, sem sementes, em fatias finas
5 dentes de alho em fatias finas
Sal marinho
Pimenta-do-reino moída na hora
4 colheres (sopa) de homus
1 xícara de quinoa cozida
20 folhas de manjericão fresco picadas

Corte o frango em pedaços de 2,5 cm. Reserve.

Aqueça o azeite em uma frigideira grande antiaderente. Junte o frango e refogue por 5 minutos, ou até dourar.

Junte a cebola e os pimentões. Refogue por mais 1 ou 2 minutos. Junte o alho e refogue por mais 1 ou 2 minutos, até os pimentões ficarem murchos, mas com a cor bem viva. Tempere a gosto com sal e pimenta. Tire a frigideira do fogo.

Misture o homus. Acrescente a quinoa e o manjericão, misturando bem. Sirva quente.

Arroz e frango com gergelim

Fase 3

8 porções

Esta receita de arroz é uma ótima maneira de aproveitar sobras de grãos. Você pode usar qualquer grão apropriado a esta fase.

- 1½ kg de coxas de frango sem osso e sem pele, em cubos de 2,5 cm
- 2 colheres (sopa) de óleo de gergelim torrado
- ½ xícara de cebola roxa picada
- 1 colher (sopa) de tempero orgânico simples (mistura de sal marinho, mostarda, sementes de aipo, alho, cebola, pimenta-cumari e pimenta-do-reino)
- 1 colher (sopa) de alho picado
- 3 xícaras de couve-de-bruxelas limpas, cortadas em quatro
- 3 xícaras de tomates-cereja, cortados na metade
- ½ xícara de folhas de manjericão fresco
- 3 colheres (chá) de gergelim torrado

ARROZ

- 2 xícaras de arroz selvagem cozido
- 1 xícara de cevada cozida
- 1 colher (sopa) de óleo de gergelim torrado

Lave o frango e seque. Doure o frango em uma frigideira grande com o óleo de gergelim, a cebola, os temperos e o alho em fogo médio até ficar completamente cozido. Passe para uma travessa e reserve.

Coloque a couve-de-bruxelas na mesma frigideira e refogue por cerca de 1 a 2 minutos. Junte os tomates e o manjericão e refogue por mais 1 a 2 minutos.

Refogue o arroz e a cevada no óleo de gergelim. Mantenha aquecido.

Coloque o frango na frigideira de novo e refogue tudo por mais 3 a 5 minutos, até os legumes obterem a consistência desejada. Espalhe o gergelim torrado e sirva sobre ½ xícara do arroz.

Salmão assado com batata-doce

Fase 3

1 porção

Esta receita pode ser facilmente multiplicada para servir quantas porções você quiser.

1 batata-doce
170 g de filé de salmão
Azeite
¼ de xícara de suco de limão-siciliano
Uma pitada de sal marinho
Flocos de pimenta vermelha amassados a gosto
½ colher (chá) de cebola e/ou alho em pó

Preaqueça o forno a 200°C. Lave a batata-doce e coloque na grelha do forno. Asse por cerca de 1 hora, até ficar macia. Mantenha o forno ligado.

Espalhe o azeite no salmão. Tempere com o suco de limão e os temperos. Asse por 15 minutos, depois passe para o forno elétrico e asse por 5 a 7 minutos. Sirva com a batata-doce.

Cozido mexicano com abacate

Fase 3

6 porções aproximadamente

Atenção: como esta receita contém muitos legumes ricos em amido, entra na categoria "grãos", e também nas de "proteína" e "vegetais". Não é preciso acrescentar outro grão à refeição, mesmo que a tabela de refeições especifique um grão.

450 g de carne magra de peru dourada e escorrida
½ xícara de cebola roxa picada

2 colheres (sopa) bem cheias de pimenta-cumari em pó
2 colheres (sopa) cheia de alho picado
2 colheres (sopa) de sopa de salsa ou coentro
1 colher (chá) de pimenta vermelha em flocos amassada (opcional)
425 g de feijão-branco
425 g de feijão-carioca
425 g de feijão-jalo
425 g de feijão-preto
425 g de lentilha ou feijão-azuqui
4 abobrinhas médias picadas
4 xícaras de sopa de tomate ou sopa de tomate com pimentão (certifique-se de que a sopa não contém leite)
1 colher (chá) cheia de sal marinho
½ abacate em cubos

Coloque a carne, a cebola, a pimenta-cumari em pó, o alho, a salsa ou coentro e os flocos de pimenta amassados em uma panela elétrica em temperatura alta.

Tampe e prepare os outros ingredientes.

Abra e escorra todas as latas de feijão. Coloque os feijões, a abobrinha e a sopa na panela elétrica. Mexa bem.

Cozinhe por 4 a 5 horas, ou diminua a temperatura e cozinhe por 6 a 8 horas.

Mexa e experimente de vez em quando, acertando o tempero conforme a necessidade.

Acrescente o sal pouco antes de servir para preservar seus nutrientes.

Sirva com o abacate.

Lombo suíno com alecrim e batata-doce

Fase 3

8 porções

900 g de lombo suíno
2 colheres (sopa) de azeite
½ colher (sopa) de sal marinho
½ colher (chá) colher de pimenta-do-reino
½ colher (chá) de alecrim
½ colher (chá) de tomilho
¼ de colher (chá) de sálvia
6 dentes de alho
8 batatas-doces pequenas ou 4 grandes

Unte o lombo com o azeite, o sal, a pimenta, o alecrim, o tomilho e a sálvia. Faça buracos com uma faca e enfie os dentes de alho.

Coloque o lombo na panela elétrica. Corte as batatas-doces na metade e coloque em volta e por cima do lombo (não coloque embaixo pois não cozinham tão bem). Cozinhe em temperatura baixa por 8 a 10 horas ou em temperatura alta por 6 a 8 horas.

Refogado de camarão e vegetais com macarrão de quinoa

Fase 3

4 porções

2 colheres (sopa) de azeite
½ xícara de cebola roxa picada
3 colheres (chá) de alho amassado
12 a 14 aspargos, limpos e picados
1½ a 2 xícaras de couve-de-bruxelas cortadas em quatro
3 colheres (chá) de coentro picado
1 colher (chá) de flocos de pimenta vermelha amassada
½ colher (chá) de sal marinho
2 acelgas-japonesas pequenas, sem o fundo

450 g de camarão grandes cozidos
2 xícaras de fusilli de quinoa cozido, quente, ou arroz selvagem

Aqueça o azeite em uma frigideira grande antiaderente. Refogue a cebola por 4 minutos em fogo médio. Junte o alho e refogue por mais 1 minuto. Acrescente os aspargos, a couve-de-bruxelas, o coentro, os flocos de pimenta vermelha e o sal marinho. Refogue até os vegetais ficarem macios, mas crocantes.

Junte a acelga-japonesa e os camarões, e continue a refogar em fogo médio até aquecer completamente o camarão.

Sirva sobre o macarrão de quinoa ou arroz selvagem.

Linguado com crosta de pecã e coco com alcachofra e patê

Fase 3

1 porção

Azeite em spray
¼ de xícara de pecãs amassadas
¼ de xícara de flocos de coco
1 clara de ovo
5 gotas de stevia
170 g de filé de linguado (ou bacalhau fresco)
1 alcachofra média

PATÊ

1 colher (chá) de homus
1 colher (chá) de suco de limão-siciliano
1 colher (chá) de óleo de gergelim torrado
Sal marinho
Pimenta-do-reino

Preaqueça o forno a 200°C. Forre uma assadeira com papel-alumínio e espalhe um pouco de azeite. Reserve.

Misture as pecãs e o coco em uma tigela pequena. Bata a clara de ovo em outra tigela, com um garfo, e acrescente a stevia. Passe o peixe no ovo e depois na mistura de pecãs e coco, cobrindo todo o peixe. Coloque o peixe sobre o papel-alumínio e asse por cerca de 20 minutos.

Enquanto isso, ferva um pouco de água. Lave a alcachofra e retire a base. Corte a alcachofra na metade e coloque na água fervente; deixe cozinhar por cerca de 10 minutos, até conseguir retirar uma folha com uma pinça sem dificuldade. Escorra. Prepare o patê, misturando todos os ingredientes em uma tigela pequena.

Sirva o peixe com a alcachofra, e o patê como acompanhamento.

Aipo recheado com manteiga de amêndoa

Fase 3

1 porção

2 talos de aipo
2 colheres (sopa) de manteiga de amêndoa
Flocos de coco ou chips de alfarroba (opcional)

Lave e limpe os talos de aipo. Corte em pedaços de 5 cm a 8 cm. Coloque a manteiga de amêndoa nos talos de aipo. Cubra com os flocos de coco ou chips de alfarroba.

Nabo mexicano com limão

Fase 3

1 porção

½ xícara de nabo descascado, em cubos
½ xícara de pinholes
Suco de ½ limão
Uma pitada de sal marinho

Coloque o nabo em uma tigela pequena. Junte os pinholes e regue com o suco de limão. Tempere com sal e mexa bem.

Homus de feijão-branco e dill

Fase 3

6 porções

900 g de grão-de-bico, cozido, reservando ½ xícara do líquido
1 lata de feijão-branco orgânico
½ xícara de tahine
½ xícara de suco de limão-siciliano
1 a 1½ colher (chá) de sal kosher
½ dente de alho
1 colher (chá) de dill
6 xícaras de pepino em fatias

Bata os sete primeiros ingredientes no liquidificador ou processador até obter uma mistura macia.

Sirva cada porção de homus com 1 xícara de pepino em fatias.

Guacamole cremoso

Fase 3

1 porção

1 colher (chá) de açafrão
½ abacate
1 colher (chá) de coentro
1 colher (chá) de suco de limão
Uma pitada de pimenta calabresa seca
Sal e pimenta-do-reino a gosto
1 xícara de pepino ou nabo mexicano em fatias

Amasse os seis primeiros ingredientes e sirva com o pepino ou nabo.

Homus de batata-doce e pepino

Fase 3

6 porções

900 g de grão-de-bico, cozido, reservando ½ xícara do líquido
½ batata-doce cozida
½ xícara de tahine
½ xícara de suco de limão-siciliano
1 a 1½ colher (chá) de sal kosher
½ dente de alho
¼ de colher (chá) de cominho em pó
6 xícaras de pepino em fatias

Bata todos os ingredientes, exceto o pepino, em um liquidificador ou processador de alimentos até obter uma mistura suave.

Sirva cada porção de homus com 1 xícara de pepino em fatias.

CAPÍTULO 12

OPÇÃO PELA DIETA SUPERSIMPLES

Encorajo todo mundo a cozinhar, se possível, porque acho que é divertido e muito mais fácil do que as pessoas imaginam — e os benefícios para a saúde valem a pena. Se você realmente não gosta de cozinhar ou se realmente não tem tempo e quer aproveitar a conveniência da comida pronta, este capítulo é para você.

A dieta supersimples usa shakes específicos para cada fase da minha Dieta do Metabolismo Rápido no café da manhã (disponíveis no site www.fastmetabolismdiet.com, em inglês). O lanche matinal também é o mesmo de cada fase, por isso é só comprar e ter sempre à mão. O almoço usa sobras do jantar da noite anterior ou sanduíches e saladas simples que você pode fazer em poucos minutos. As barras específicas de cada fase (disponíveis no site) fazem um lanche da tarde muito simples — é só guardar na bolsa ou na sua mesa.

Por fim, no jantar, este programa supersimples exige apenas que você cozinhe sete refeições na panela elétrica, o que você pode fazer na primeira semana e congelar para as semanas seguintes, de forma que você poderá completar o ciclo de 28 dias.

TABELA DE REFEIÇÕES SUPERSIMPLES: FASE 1 – RELAXAR

ACORDAR	PESO	CAFÉ	LANCHE	ALMOÇO	LANCHE	JANTAR	EXERCÍCIO	ÁGUA
Horário: __ __________ SEGUNDA	_____	Horário: ____ __________ Shake DMR F1	Horário: ____ __________ 1 maçã	Horário: ____ __________ ½ sanduíche de peito de peru, alface, pepino, tomate e mostarda	Horário: ____ __________ Barrinha DMR F1	Horário: ____ __________ Cozido mexicano F1		
Horário: __ __________ TERÇA	_____	Horário: ____ __________ Shake DMR F1	Horário: ____ __________ 1 maçã	Horário: ____ __________ Cozido mexicano; 1 laranja	Horário: ____ __________ Barrinha DMR F1	Horário: ____ __________ Tigela de frango e brócolis F1		

TABELA DE REFEIÇÕES SUPERSIMPLES: FASE 2 — DESTRAVAR

ACORDAR	PESO	CAFÉ	LANCHE	ALMOÇO	LANCHE	JANTAR	EXERCÍCIO	ÁGUA
Horário: __ _______ QUARTA	_____	Horário: ____ _______ Shake DMR F2	Horário: ____ _______ Carne-seca	Horário: ____ _______ Wrap de peito de peru fatiado, mostarda e alface	Horário: ____ _______ Barrinha DMR F2	Horário: ____ _______ Sopa de carne e repolho		
Horário: __ _______ QUINTA	_____	Horário: ____ _______ Shake DMR F2	Horário: ____ _______ Carne-seca	Horário: ____ _______ Sobras da sopa de carne e repolho	Horário: ____ _______ Barrinha DMR F2	Horário: ____ _______ Lombo suíno com pimenta vermelha		

TABELA DE REFEIÇÕES SUPERSIMPLES: FASE 3 — LIBERAR A QUEIMA

ACORDAR	PESO	CAFÉ	LANCHE	ALMOÇO	LANCHE	JANTAR	EXERCÍCIO	ÁGUA
Horário: __ ________ SEXTA	_____	Horário: ____ __________ Shake F3	Horário: ____ __________ ¼ de xícara de oleaginosas ou sementes cruas	Horário: ____ __________ Salada de peru, tomate, pepino e abacate com molho F3	Horário: ____ __________ Barrinha F3	Horário: ____ __________ Curry de frango		
Horário: __ ________ SÁBADO	_____	Horário: ____ __________ Shake F3	Horário: ____ __________ ¼ de xícara de oleaginosas ou sementes cruas	Horário: ____ __________ Sobras do curry de frango e coco	Horário: ____ __________ Barrinha F3	Horário: ____ __________ Refogado de vegetais com camarão e macarrão de arroz integral		
Horário: __ ________ DOMINGO	_____	Horário: ____ __________ Shake F3	Horário: ____ __________ ¼ de xícara se oleaginosas ou sementes cruas	Horário: ____ __________ Sobras do refogado de vegetais com camarão sobre folhas de salada	Horário: ____ __________ Barrinha F3	Horário: ____ __________ Refogado de frango com gergelim		

Basta usar esta tabela de refeições durante as quatro semanas. Reserve um ou dois dias do fim de semana para preparar todas as refeições na panela elétrica. Depois, congele em porções individuais para descongelamento fácil. Apesar de ter três panelas elétricas, já cheguei a pedir emprestada a panela de uma amiga e fiz tudo em uma noite.

É claro que este programa é menos variado, mas alguns dos meus pacientes acham que a simplicidade e a praticidade compensam.

LISTAS DE ALIMENTOS

Estas listas incluem tudo o que você pode comer em todas as fases. Quando precisar saber se pode comer algo, ou se estiver apenas procurando saber o que comprar para determinada fase, dê uma olhada nas listas. Lembre-se de escolher produtos orgânicos sempre que possível.

Lista de alimentos da fase 1

(Prefira orgânicos sempre que possível)

Vegetais (frescos, congelados ou enlatados)

Abóbora
Abobrinha
Aipo (incluindo as folhas)
Alface (todas, menos a americana)
Alho-poró
Araruta
Batata-doce
Berinjela
Beterraba
Brócolis
Brotos
Brotos de bambu
Cebola branca e roxa
Cebolinha verde
Cenoura
Cogumelos
Couve-nabo
Couve-tronchuda
Ervilha-torta
Espinafre
Feijão-de-lima
Inhame
Mandioquinha

Nabo
Pepino
Pimenta-cumari
Pimentão
Repolho, de todos os tipos
Rúcula
Tomate
Vagens
Verduras

Frutas (frescas ou congeladas)	
Abacaxi	Maçã
Cereja	Mamão
Damasco	Manga
Figo	Melancia
Frutas vermelhas: amora, mirtilo, framboesa	Melão
Goiaba	Melão-cantalupe
Grapefruit	Morango
Kiwi	Pera
Laranja	Pera asiática
Laranjinha kinkan	Pêssego
Limão	Romã
	Tangerina

Proteína animal	
Atum sólido, em água	Frango sem osso e sem pele
Aves: perdiz, faisão	Linguado (filé)
Carne bovina magra	Linguiça (de peru e frango)
Carne de búfalo	Ovos (apenas as claras)
Carnes processadas: frango, peru, rosbife, filé-mignon suíno	Peru
	Pescada (filé)
	Sardinha fresca

Proteína vegetal	
Favas	Grão-de-bico
Feijão: azuqui, branco, carioca, fradinho, jalo, feijão-de-lima, preto	Lentilhas

Caldos, ervas, especiarias e condimentos

Adoçante natural (stevia)
Alho fresco
Caldos de carne, galinha e legumes*
Chá de ervas sem cafeína
Ervas frescas (todos os tipos)
Ervas secas (todos os tipos)
Extrato de baunilha ou hortelã
Extrato de tomate
Gengibre natural
Levedo de cerveja
Mostarda
Óleo de coco
Picles sem açúcar
Raiz-forte preparada
Tamari (molho de soja)
Temperos: cacau em pó, canela, cominho, cúrcuma, curry, noz-moscada, pimenta-do-reino branca e preta, pimenta vermelha moída, sal com cebola, sal marinho, temperos orgânicos
Vinagre (todos os tipos)
Vinagrete

* Se possível, todos os caldos devem ser livres de conservantes ou aditivos

Grãos e amidos

Amaranto
Araruta
Arroz integral: arroz, cereal, biscoitos, farinha, macarrão, tortilhas
Arroz selvagem
Aveia laminada
Cevada
Trigo-vermelho
Farinha de oleaginosas (nozes, castanhas, amêndoas e outras)
Grão de teff
Grãos germinados (pães)
Leite de arroz
Painço
Quinoa
Tapioca
Trigo kamut
Trigo-sarraceno
Triticale

Gorduras saudáveis

Nenhuma nesta fase

Lista de alimentos da fase 2

(Prefira orgânicos sempre que possível)

Vegetais (frescos, congelados ou enlatados)

Acelga
Agrião
Aipo
Alface
(todas, exceto a americana)
Alho-poró
Araruta
Aspargos
Brócolis
Cebolas, brancas e roxas
Cebolinha e cebolinha francesa
Cogumelos
Couve
Couve-manteiga
Echalota
Endívia
Erva-doce
Espinafre
Mostarda (folhas)
Pepino (todos os tipos)
Pimenta-verde
Pimenta vermelha
Pimentão
Repolho (todos os tipos)
Vagens
Verduras

Frutas (frescas ou congeladas)

Limão- siciliano
Limão-taiti

Proteína animal

Atum em água
Carne bovina, cortes magros: filé-mignon, alcatra, contrafilé, lagarto, carne moída magra
Carne de búfalo
Carne de porco (filé-mignon)
Carne-seca
Carnes prontas (frango, peru, rosbife)
Cordeiro (cortes magros)
Filé de linguado
Filé de pescada e qualquer peixe de carne branca
Filé de tilápia
Frango sem osso e sem pele
Ostras em água
Ovos (apenas a clara)
Peru
Salmão defumado
Sardinhas em molho de tomate

Proteína vegetal e amidos

Nenhuma nesta fase

Caldos, ervas, especiarias e condimentos

Alho natural, em pó
Caldos de carne, galinha e legumes*
Chás de ervas sem cafeína
Ervas frescas (todos os tipos)
Ervas secas (todos os tipos)
Gengibre natural
Levedo de cerveja
Mostarda (preparada, seca)
Picles, sem açúcar
Raiz-forte (preparada)

* Se possível, todos os caldos devem ser livres de conservantes ou aditivos

Grãos

Nenhuma nesta fase

Gorduras saudáveis

Nenhuma nesta fase

Lista de alimentos da fase 3
(Prefira orgânicos sempre que possível)

Vegetais (frescos, congelados ou enlatados)

Abacate
Abóbora
Abobrinha
Acelga japonesa
Agrião
Aipo
Alcachofra
Alface (todas, exceto a americana)
Alho-poró
Araruta
Aspargos
Azeitonas
Batata-doce
Berinjela
Beterraba (raiz e folhas)
Brotos
Brotos de feijão

Cebolas
Cebolinha e cebolinha francesa
Cenoura
Chicória
Cogumelos
Couves (de todos os tipos)
Couve-de-bruxelas
Couve-flor
Endívia
Erva-doce
Espinafre
Inhame
Pepino
Pimenta-verde
Pimentão
Quiabo
Rabanete
Repolho (todos os tipos)
Tomates (frescos, em lata, de todos os tipos)
Vagens
Verduras

Frutas (frescas ou congeladas)

Ameixa
Amora
Cereja
Coco, água de coco, leite de coco, creme de coco
Framboesa
Grapefruit
Limão-taiti ou siciliano
Mirtilo
Pêssego
Pitanga

Proteína animal

Arenque
Arraia
Atum, em água ou azeite
Camarão
Caranguejo
Carne bovina magra (filé-mignon, moída magra)
Carne de porco (filé-mignon, lombo)
Carnes processadas (frango, peru, rosbife)
Coelho
Cordeiro
Faisão
Fígado
Frango sem osso e sem pele; moído
Lagosta
Linguado
Linguiça (de frango e peru)
Lula
Ostras
Ovos
Peru

Robalo
Salmão (fresco ou congelado)
Sardinhas em azeite
Truta
Vieiras

Proteína vegetal

Amêndoa (leite não adoçado)
Castanha de caju (leite ou pasta)
Grão-de-bico
Feijão (azuqui, branco, carioca, jalo, preto, feijão-de-lima)
Lentilhas

Grãos

Arroz selvagem
Aveia
Cevada preta ou branca
Grãos germinados (pães)
Quinoa

Caldos, ervas, especiarias, condimentos e suplementos

Adoçante natural (stevia)
Alho natural
Caldos de carne, galinha e legumes*
Chás de ervas sem cafeína
Chips de alfarroba
Ervas frescas (todos os tipos)
Ervas secas (todos os tipos)
Extrato de baunilha ou hortelã
Extrato de tomate
Gengibre natural
Levedo de cerveja
Molho de tomate sem açúcar
Mostarda
Óleo de coco
Picles sem açúcar
Raiz-forte
Tamari (molho de soja)
Temperos: cacau em pó, canela, cominho, cúrcuma, curry, noz-moscada, pimenta-do-reino branca e preta, pimenta vermelha moída, sal com cebola, sal marinho, temperos orgânicos
Vinagre (todos os tipos)
Vinagrete

* Se possível, todos os caldos devem ser livres de conservantes ou aditivos

Gorduras saudáveis

Abacate
Homus
Pasta de oleaginosas/sementes, cruas
Oleaginosas cruas (amêndoas, avelãs, castanhas de caju, nozes, pecãs, pinholes, pistaches)
Óleos (coco, gergelim, gergelim torrado, oliva)
Sementes cruas (abóbora, girassol, linhaça)
Tahine

AGRADECIMENTOS

Quero agradecer especialmente ao meu agente, Alex Glass, que percebeu tudo antes que eu pudesse sequer imaginar, e ao meu inestimável advogado, John Fagerholm, que me ajudou a fazer tudo com muito cuidado. Quero agradecer ao meu amigo e produtor excepcionalmente talentoso, Mason Novick, que me disse que eu deveria escrever um livro e depois me apresentou às pessoas certas para que tudo acontecesse.

Um obrigado sincero às minhas editoras incrivelmente compreensivas e muito criativas, Talia Krohn e Heather Jackson, por se mostrarem abertas ao trabalho diferenciado, porque é aí que me sinto mais à vontade.

Sinto-me muito honrada pelo fato de duas mulheres notáveis, Tina Constable e Maya Mavjee, acreditarem na minha ideia de criar uma maneira saudável de emagrecer, apaixonando-se por comida e voltando a reunir a família e os amigos ao redor da mesa — serei eternamente grata. Obrigada a toda a minha equipe na Crown, especialmente Leigh Ann Ambrosi, Meredith McGinnis e Tammy Blake, que foram tão pacientes e gentis e, ao mesmo tempo, conduziram tudo na direção certa. Estou admirada e muito agradecida por tudo o que vocês fizeram e fazem.

Sou muito grata a Eve Adamson, pois é incrível trabalhar com uma escritora que me entende, e também por seu senso de humor. E à minha orientadora, Melanie. Que jornada, não? Não tenho como lhe agradecer.

Obrigada a Larry Vincent e a Michellene DeBonis da UTA, pelo projeto incrível e principalmente por terem me entendido de verdade.

E aos meus adorados Kim e Kym: eu não existiria sem vocês. Obrigada pelo apoio, pela generosidade e por me guiarem. Aos meus amigos Tim e Wendy, por me alimentarem e cuidarem de mim para que eu tivesse energia de alimentar e cuidar de outras pessoas, e a Chris e Karen, por expandirem meus horizontes ao dizerem que a dislexia é motivo de sucesso, e não que alcançamos sucesso apesar dela.

Quero agradecer a todos os pacientes que atendi ao longo dos anos. Ganhei muito, porque vocês permitiram que eu entrasse em sua vida e compartilharam comigo suas histórias de vida. Vocês sabem que têm um lugar especial em meu coração.

Devo um agradecimento especial à Universidade do Estado do Colorado, mais especificamente à dra. Nancy Irlbeck e a Temple Grandin, pois quando me formei saí de lá extremamente empolgada para ajudar as pessoas e fazer diferença neste mundo. E ao dr. Michael Towbin, à dra. Jackie Fields e ao dr. Orrie Clemens, obrigada por me orientarem e integrarem meu trabalho pelo bem do paciente.

Às minhas irmãs, Heather e Holli, vocês são minhas melhores amigas e meu ponto de apoio, faça chuva ou faça sol. Obrigada pelas noites mal dormidas, por estarem sempre dispostas a me ajudar e por me empurrarem quando eu achava que não conseguiria. Obrigada por terem me dado Dolan e Harley, pois eles são um verdadeiro tesouro. Ao meu pai, Nestor, sei que sou sua favorita, e agora isso está publicado; eu o amo, obrigada por ser tão bom para mim e para as crianças. Minha mãe, dra. Jeanne Wilson, que me inspira todos os dias a ser uma mãe, uma amiga e um ser humano melhor.

Quero agradecer ao meu marido maravilhoso, Von, que desbloqueou tudo o que me segurava e me mantinha para baixo. Com você, me sinto em casa. E você me abençoou com uma linda família de cinco crianças. Obrigada por ler, reler e reler um capítulo após o outro, e por estar sempre repetindo quanto sou inteligente e divertida. Obrigada por mudar todos os planos do Natal no meio da noite, por lembrar do meu passaporte, por exercitar os cavalos, por lembrar que preciso do meu cobertor quando pego um avião, e que às vezes sorbet e flores tornam tudo melhor. E obrigada por todas as vezes que você nunca me perguntou por quê. Eu te amo. Tantas pessoas e organizações cuidaram da atualização deste livro, e a todas elas eu agradeço do fundo do coração.

ÍNDICE

B

C

D

E

F

G

P

Q

R

S

T

V

W

Este livro foi composto com as famílias tipográficas Gentium
e Iowan para a editora HarperCollins Brasil em 2016.